MASTERWORKS
CHINESE
COMPANION

Born and raised in Wuhan, China, **Qin-Hong Anderson** has experience teaching Chinese both at the Wuhan International School and at Cornell University. At Cornell she taught Chinese at all levels, including two courses for Chinese-American heritage students. She holds degrees in Chinese Linguistics and Literature, and Organizational Communications, Learning, and Design. She is currently a lecturer in Chinese language at the University of California, San Diego. Please contact her with any comments or suggestions regarding this book at: *iamqinhong@yahoo.com*.

名作導讀與寫作

MASTERWORKS CHINESE COMPANION

Expressive Literacy *through* Reading *and* Composition

Compiled by Qin-Hong Anderson

CHENG & TSUI COMPANY
BOSTON

Published by

Cheng & Tsui Company
25 West Street
Boston, MA 02111-1213 USA
Fax (617) 426-3669
www.cheng-tsui.com
"Bringing Asia to the World"™

Printed in the United States of America

ISBN-10:   0-88727-435-8
ISBN-13:   978-0-88727-435-0

PUBLISHER'S NOTE

The Cheng & Tsui Chinese Language Series is designed to publish and widely distribute quality language learning materials created by leading instructors from around the world. We welcome readers' comments and suggestions concerning the publications in this series. Please contact the following members of our Editorial Board, in care of our Editorial Department (e-mail: editor@cheng-tsui.com).

目錄

前言

對於許多已具有一定口語表達能力的中高年級學生，特別是對有漢語背景的華裔學生來說，能夠用中文寫作，用準確的語言及中文寫作技巧表達所思所想，或與中國同仁進行書面交流，或與說漢語的親友進行書信來往，成爲當務之急。要想寫出好文章，首先就要多閱讀，尤其是閱讀高質量的文學作品。閱讀對寫作起著潛移默化的作用，是寫作必不可少的前提與基礎。

本書中一共收集了中國近代文學史上六位巨匠的十篇經典名作，以及兩首古代詩歌。這些文學作品一直在大陸、台灣、香港等地基礎語文教材中的首選之列，是許多華人早期語文學習過程中都接觸過的。編者希望大家通過學習這些文字精彩、體裁風格各異的作品，提高文學修養，打開思路，豐富詞彙，掌握基本寫作規律和技巧，從而筆下生花。

本書共分十二課，每課包括課文、生詞表、重點句型與詞彙、課堂討論與練習題、寫作參考資料五大部份。其中新穎、有深度的討論與練習題是本書最大的特色。它們不僅能幫助學生加深對文章的理解，增加學習興趣，而且能引導學生從寫作的角度去欣賞文章。重點句型與詞彙部份則著重解釋了一些詞彙在文中的用法，並加以舉例說明。寫作參考資料部份則介紹了一些中文寫作的基本知識，也加設了一些小練習。這一部份的文字有一定的難度，較適合老師在課堂上帶領學生討論學習。

編者爲適應教學的需要，在不破壞原文的特色及精彩的前提下，對部份作品的文字稍作改動，特在此說明。

在此，特別感謝台灣胡適紀念館對本書的熱情支持，也感謝安賡瑞先生、伍天寧先生、嚴蕾女士爲本書的校對、修改所做的一切工作。

編者
二零零四年四月

PREFACE

For high-intermediate students of Chinese who have already mastered the basics of oral communication—especially students with Chinese-speaking family backgrounds—the ability to express oneself properly in written Chinese is of great importance. Whether the goal is to be able to communicate with colleagues in written Chinese or to correspond by letter with Chinese-speaking friends and relatives, the development of effective writing skills requires first and foremost that one be exposed to examples of high-quality writing and literature. Reading can exert an unseen yet powerful influence on one's writing, and is indispensable to the development of writing skills.

This book is a collection of 10 modern classics of Chinese literature written by six acknowledged masters, plus two classical Chinese poems. These works all appear in basic Chinese curricula throughout mainland China, Taiwan, and Hong Kong, and are works that Chinese students generally encounter at an early stage of education. It is my hope that through studying these outstanding and varied works, students will improve their understanding of Chinese literature, open avenues of thought, broaden their vocabulary, master basic rules and techniques of writing, and eventually develop the ability to write with eloquence and skill.

This book consists of 12 lessons, each one including five sections: a reading selection, a vocabulary list, a section that focuses on important words and sentence patterns, a series of discussion questions and exercises, and a "writing reference" section on a featured topic relating to composition. Among these, the discussion questions and exercises are perhaps the most distinctive and original feature of this book. These questions and exercises aim not only to help students deepen their understanding of the reading selections, but also to encourage them to appreciate these works in terms of the writing techniques that they employ. The sections on important words and sentence patterns highlight certain expressions found in the reading selections and provide additional examples of usage. The "writing reference" sections introduce concepts that are important to composition in Chinese and offer mini-exercises for practice. The language in the "writing reference" sections is difficult enough that it may be appropriate for the instructor to guide students through them in class.

For instructional purposes I have made some slight changes to the language of the reading selections, but only where the changes do not disrupt the quality or character of the original work.

Lastly, I would like to extend special thanks to the Hu Shih Memorial Hall in Taiwan for its kind support, and to Mr. Garrett Anderson, Mr. Daniel Eng, and Ms. Yan Lei for all the work they have done in proofreading and revision.

April 2004

落花生

許地山

我們屋後有半畝空地。母親說："讓它荒蕪著怪可惜的,既然你們那麼愛吃花生,就開闢來做花生園吧。"我們姐弟幾個都很高興——買種的買種,翻地的翻地,澆水的澆水;沒過幾個月,居然收穫了!

母親說："今晚,我們可以做一個收穫節,也請你們父親來嚐嚐我們的新花生,好不好?"我們都說好。母親把花生做成好幾樣食品,還吩咐就在園裏的茅亭過這個節。

那晚上的天氣不太好,可是父親也到了,實在難得!父親說："你們愛吃花生麼?"

我們都爭著回答："愛!"

"誰能把花生的好處說出來?"

姐姐說："花生的味道很美。"

哥哥說："花生可以榨油。"

我說："無論什麼人都可以用賤價買它來吃,都喜歡吃它。這就是它的好處。"

父親說："花生的用處固然很多,但是有一樣最可貴。這小小的豆子不像那好看的蘋果、桃子、石榴,把它們的果實掛在枝頭上;鮮紅嫩綠的顏色,令人一望就生羨慕的心。它只把果實埋在地裏,等到成熟,才讓人把它挖出來。你們偶然看見一棵花生瑟縮地長在地上,不能立刻分辨出它有沒有果實,非得等到你接觸它才知道。"

落花生

许地山

我们屋后有半亩空地。母亲说："让它荒芜着怪可惜的，既然你们那么爱吃花生，就开辟来做花生园吧。"我们姐弟几个都很高兴——买种的买种，翻地的翻地，浇水的浇水；没过几个月，居然收获了！

母亲说："今晚，我们可以做一个收获节，也请你们父亲来尝尝我们的新花生，好不好？"我们都说好。母亲把花生做成好几样食品，还吩咐就在园里的茅亭过这个节。

那晚上的天气不太好，可是父亲也到了，实在难得！父亲说："你们爱吃花生么？"

我们都争着回答："爱！"

"谁能把花生的好处说出来？"

姐姐说："花生的味道很美。"

哥哥说："花生可以榨油。"

我说："无论什么人都可以用贱价买它来吃，都喜欢吃它。这就是它的好处。"

父亲说："花生的用处固然很多，但是有一样最可贵。这小小的豆子不像那好看的苹果、桃子、石榴，把它们的果实挂在枝头上；鲜红嫩绿的颜色，令人一望就生羡慕的心。它只把果实埋在地里，等到成熟，才让人把它挖出来。你们偶然看见一棵花生瑟缩地长在地上，不能立刻分辨出它有没有果实，非得等到你接触它才知道。"

我們都說："是的。"母親也點點頭。

父親接下去說："所以你們要像花生，因爲它是有用的，不是外表好看而不實用的東西。"

我說："那麼，人要做有用的人，不要做只講外表體面的人了。"

父親說："這是我對你們的希望。"

我們談到夜深才散，所有花生食品雖然沒有了，但是父親的話現在還印在我心上。

我们都说："是的。"母亲也点点头。

父亲接下去说："所以你们要像花生，因为它是有用的，不是外表好看而不<u>实用</u>的东西。"

我说："那么，人要做有用的人，不要做只讲外表<u>体面</u>的人了。"

父亲说："这是我对你们的希望。"

我们谈到夜深才<u>散</u>，所有花生食品虽然没有了，但是父亲的话现在还<u>印</u>在我心上。

【生詞表】

1.	落花生	落花生	luòhuāshēng	peanut (or 花生)
2.	畝	亩	mǔ	a unit of area (=1/6 acre)
3.	空地	空地	kòngdì	unoccupied place, open place
4.	荒蕪	荒芜	huāngwú	to go to waste, to go uncultivated
5.	可惜	可惜	kěxī	a pity, a shame
6.	開闢	开辟	kāipì	to lay out (a garden)
7.	翻地	翻地	fāndì	to turn over soil
8.	澆水	浇水	jiāoshuǐ	to irrigate
9.	居然	居然	jūrán	unexpectedly
10.	收穫	收获	shōuhuò	to harvest
11.	嚐嚐	尝尝	chángchang	to taste
12.	食品	食品	shípǐn	food
13.	吩咐	吩咐	fēnfù	to tell, to instruct
14.	茅亭	茅亭	máotíng	thatched hut
15.	實在	实在	shízài	really, indeed, honestly
16.	爭著	争着	zhēngzhe	vying to, contending to, scrambling to
17.	榨油	榨油	zhàyóu	to extract oil
18.	賤價	贱价	jiànjià	low price
19.	固然	固然	gùrán	there is no doubt that…
20.	可貴	可贵	kěguì	admirable, valuable
21.	石榴	石榴	shíliu	pomegranate
22.	果實	果实	guǒshí	fruit
23.	掛	挂	guà	to hang
24.	枝頭	枝头	zhītóu	the tip of a tree branch
25.	鮮	鲜	xiān	bright, fresh
26.	嫩	嫩	nèn	tender
27.	羨慕	羡慕	xiànmù	to admire, to envy
28.	埋	埋	mái	to bury, to cover up
29.	成熟	成熟	chéngshú	mature, ripe
30.	挖	挖	wā	to dig
31.	偶然	偶然	ǒurán	accidentally, by chance
32.	瑟縮	瑟缩	sèsuō	timidly, to curl up against the cold

33.	分辨	分辨	fēnbiàn	to distinguish
34.	接觸	接触	jiēchù	to come into contact with
35.	實用	实用	shíyòng	practical
36.	體面	体面	tǐmiàn	good-looking
37.	散	散	sàn	to disperse
38.	印	印	yìn	to imprint

【重點句型與詞彙】

1. 讓它荒蕪著<u>怪</u>可惜<u>的</u>。

   怪 …的： very (colloquial use)
   - 吃了你那麼多東西，怪不好意思的。
   - 听她説話的口氣，怪成熟的呢！

2. 沒過幾個月，<u>居然</u>收穫了。

   居然： unexpectedly
   - 沒想到他居然同意讓我們在他家裏開晚會。
   - 小小的亭子居然坐得下這麼多人，真讓人感到意外。

3. <u>無論</u>什麼人都可以用賤價買它來吃。

   無論： no matter (+ question word: 什麼、誰、哪兒 etc.)
   - 無論什麼人，只要與她接觸一段時間，就都會喜歡上她。
   - 無論走到哪裏，都要隨身帶些水和食品。

4. 花生的用處<u>固然</u>很多，<u>但</u>有一樣最可貴。

   固然…但(是)…： there is no doubt that…, but…
   - 這樣做固然好，但是太慢了。
   - 价錢便宜固然很重要，但也要看食品是否新鮮啊。

5. <u>令</u>人一望就生羨慕的心。

   令： to cause, to make
   - 他的行爲實在令人擔心。
   - 看到這滿園成熟了的水果，真令人滿意。

6. 不能<u>立刻</u>分辨出它有沒有果實。

   立刻： immediately
   - 石偉一看見我，就立刻跑了出來。
   - 收穫季節一到，大家立刻就忙起來了。

7. <u>非得</u>等到你接觸它才知道。

   非得： have got to, must
   - 學中文非得用功才能進步。
   - 生了這麼一點小病也非得吃藥嗎？

【重点句型与词汇】

1. 让它荒芜着<u>怪</u>可惜<u>的</u>。

    怪 ...的: very (colloquial use)
    • 吃了你那么多东西，怪不好意思的。
    • 听她说话的口气，怪成熟的呢！

2. 没过几个月，<u>居然</u>收获了。

    居然: unexpectedly
    • 没想到他居然同意让我们在他家里举行开晚会。
    • 小小的亭子居然坐得下这么多人，真让人感到意外。

3. <u>无论</u>什么人都可以用贱价买它来吃。

    无论: no matter (+ question word: 什么、谁、哪儿 etc.)
    • 无论什么人，只要与她接触一段时间，就都会喜欢上她。
    • 无论走到哪里，都要随身带些水和食品。

4. 花生的用处<u>固然</u>很多，<u>但</u>有一样最可贵。

    固然...但(是)...: there is no doubt that…, but…
    • 这样做固然好，但是太慢了。
    • 价钱便宜固然很重要，但也要看食品是否新鲜啊。

5. <u>令</u>人一望就生羡慕的心。

    令: to cause, to make
    • 他的行为实在令人担心。
    • 看到这满园成熟了的水果，真令人满意。

6. 不能<u>立刻</u>分辨出它有没有果实。

    立刻: immediately
    • 石伟一看见我，就立刻跑了出来。
    • 收获季节一到，大家立刻就忙起来了。

7. <u>非得</u>等到你接触它才知道。

    非得: have got to, must
    • 学中文非得用功才能进步。
    • 生了这么一点小病也非得吃药吗？

【練習】

一、課堂討論題：

1. 請在課前上網查出作者許地山的生平、主要作品、照片及本文寫作背景。
2. 你知道花生為什麼也叫落花生嗎？請上網查出原因。
3. 母親為什麼決定要種花生？
4. 落花生從播種到收穫要做哪幾項工作？大概需要多長時間？
5. 文章中提到花生有哪些好處？
6. 作者理解了父親的話沒有？你能從文中什麼（地方）看出來？
7. 在父親看來，花生代表了什麼？
8. 作者的父親對孩子們有什麼希望？
9. 什麼是有用的人？請舉例說明。
10. 你吃過哪些由花生做成的食品？

二、選詞填空：

居然、固然、難得、立刻、無論、既然

1. 我一打開信，(　　　　)看出是媽媽寫來的。
2. (　　　　)什麼人，只要一學中文就會愛上中文。
3. 雖然他今年選的課很多，可還是常來參加我們的活動，真(　　　　)。
4. 李先生其實是個極普通的人，一生過得馬馬虎虎，(　　　)還那麼出名。
5. (　　　)你那麼喜歡吃這種水果，為什麼不在園子裏種一些呢？
6. 喝茶的好處(　　　)很多，但有些茶喝多了也可能帶來一些問題。

三、請將下面的詞語按要求分類：

顏色、　收穫、　希望、　難得、　食品、　鮮美、　果實、　開闢、　分辨
羨慕、　成熟、　枝頭、　味道、　吩咐、　荒蕪、　外表、　接觸、　體面

名詞：＿＿＿＿＿＿＿＿＿＿＿＿＿＿＿＿＿＿＿＿＿＿＿＿＿＿

動詞：＿＿＿＿＿＿＿＿＿＿＿＿＿＿＿＿＿＿＿＿＿＿＿＿＿＿

形容詞：＿＿＿＿＿＿＿＿＿＿＿＿＿＿＿＿＿＿＿＿＿＿＿＿

四、除了課文裡提到的以外，你所知道的豆類及水果還有哪些？請與小組同學一起把它們都寫出來，看看哪一組寫得最多。

【练习】

一、课堂讨论题:

1. 请在课前上网查出作者许地山的生平、主要作品、照片及本文写作背景。
2. 你知道花生为什么也叫落花生吗? 请上网查出原因。
3. 母亲为什么决定要种花生?
4. 落花生从播种到收获要做哪几项工作? 大概需要多长时间?
5. 文章中提到花生有哪些好处?
6. 作者理解了父亲的话没有? 你能从文中什么地方看出来?
7. 在父亲看来, 花生代表了什么?
8. 作者的父亲对孩子们有什么希望?
9. 什么是有用的人? 请举例说明。
10. 你吃过哪些由花生做成的食品?

二、选词填空:

居然、固然、难得、立刻、无论、既然

1. 我一打开信, (   )看出是妈妈写来的。
2. (   )什么人, 只要一学中文就会爱上中文。
3. 虽然他今年选的课很多, 可还是常来参加我们的活动, 真(   )。
4. 李先生其实是个极普通的人, 一生过得马马虎虎, (   )还那么出名。
5. (   )你那么喜欢吃这种水果, 为什么不在园子里种一些呢?
6. 喝茶的好处(   )很多, 但有些茶喝多了也可能带来一些问题。

三、请将下面的词语按要求分类:

颜色、　　收获、　　希望、　　难得、　　食品、　　鲜美、　　果实、　　开辟、　　分辨
羡慕、　　成熟、　　枝头、　　味道、　　吩咐、　　荒芜、　　外表、　　接触、　　体面

名词: _____

动词: _____

形容词: _____

四、除了课文里提到的以外, 你所知道的豆类及水果还有哪些? 请与小组同学一起把它们都写出来, 看看哪一组写得最多。

豆類	水果
例：花生	例：苹果

五、請選出最合適的詞語：

1. 你把這麼多的種子都倒了，實在(可貴、可惜)。

2. 春天是(播種、收穫)的季節。

3. 讀書(既然、固然)重要，但健康更重要。

4. 每到果園的水果(成果、成熟)時，我們全家就像過節一樣高興。

5. 這次他(雖然、居然)得了第一名，真是(把、令)人難以相信。

6. 花生長在地下，從外表看不出來它有沒有(果實、水果)。

7. 人人都(嫉妒、羨慕)她有一位好母親。

8. 花生的(可貴、了不起)之處在於它不講究外表的體面。

六、作文：

　　✍ 我的家庭

　　　要求：

　　　　　• 抓住家庭的特點來寫

　　　　　• 使用具體(jùtǐ: specific)的例子

豆类	水果
例：花生	例：苹果

五、请选出最合适的词语：

1. 你把这么多的种子都倒了，实在(可贵、可惜)。

2. 春天是(播种、收获)的季节。

3. 读书(既然、固然)重要，但健康更重要。

4. 每到果园的水果(成果、成熟)时，我们全家就像过节一样高兴。

5. 这次他(虽然、居然)得了第一名，真是(把、令)人难以相信。

6. 花生长在地下，从外表看不出来它有没有(果实、水果)。

7. 人人都(嫉妒、羡慕)她有一位好母亲。

8. 花生的(可贵、了不起)之处在于它不讲究外表的体面。

六、作文：

✍ 我的家庭

要求：

- 抓住家庭的特点来写
- 使用具体(jùtǐ: specific)的例子

【寫作參考資料】

名稱	標點符號 (一)	用法說明	例子
句號	。	表示一句話說完後的停頓。	我叫李新。
問號	？	表示一句問話完後的停頓。	你是從哪兒來的？
感嘆號	！	表示強烈感情的句子後的停頓。	可是父親也到了，實在難得！
逗號	，	表示一句話中間的停頓。	冬天過去了，春天還會遠嗎？
頓號	、	表示並列的詞或詞組間的停頓。	水果、青菜都對身體好。
冒號	：	表示提示語後的停頓。	大家都爭著說："好吧！"
		表示提示下文。	園子裏滿是水果：蘋果、桃子、石榴，樣樣都有。
書名號	《 》〈 〉	表示書、報、文章等的名稱。書名號裏還有書名號時，外面一層用雙書名號，裏面一層用單書名號。	1.《落花生》的作者是許地山。 2.老師特別喜歡她寫的那篇《〈落花生〉讀後感》。

- 請給下面的句子加上適當的標點：
1. 法文德文日文她都會說真了不起
2. 以前不是只賣五塊嗎怎麼這麼貴算了我不買了
3. 很多人都愛看時代週刊你看過嗎
4. 太好了我完全沒想到會是這樣的結果
5. 面對媽媽的問話小明不好意思地低下頭說對不起
6. 落花生這篇課文我都讀懂了我非常同意作者的看法
7. 桌子上擺滿了菜黃瓜雞蛋小白菜等等這麼多菜我們怎麼吃得完呢
8. 今天的收穫真大啊

【写作参考资料】

名称	标点符号（一）	用法说明	例子
句号	。	表示一句话说完后的停顿。	我叫李新。
问号	？	表示一句问话完后的停顿。	你是从哪儿来的？
感叹号	！	表示强烈感情的句子后的停顿。	可是父亲也到了，实在难得！
逗号	，	表示一句话中间的停顿。	冬天过去了，春天还会远吗？
顿号	、	表示并列的词或词组间的停顿。	水果、青菜都对身体好。
冒号	：	表示提示语后的停顿。	大家都争着说："好吧！"
		表示提示下文。	园子里满是水果：苹果、桃子、石榴，样样都有。
书名号	《》〈〉	表示书、报、文章等的名称。书名号里还有书名号时，外面一层用双书名号，里面一层用单书名号。	1.《落花生》的作者是许地山。2.老师特别喜欢她写的那篇《〈落花生〉读后感》。

- 请给下面的句子加上适当的标点：

1．法文德文日文她都会说真了不起
2．以前不是只卖五块吗怎么这么贵算了我不买了
3．很多人都爱看时代周刊你看过吗
4．太好了我完全没想到会是这样的结果
5．面对妈妈的问话小明不好意思地低下头说对不起
6．落花生这篇课文我都读懂了我非常同意作者的看法
7．桌子上摆满了菜黄瓜鸡蛋小白菜等等这么多菜我们怎么吃得完呢
8．今天的收获真大啊

第二課

母親的教誨

胡適

　　每天，天剛<u>亮</u>時，我母親便把我喊醒，叫我<u>披</u>衣坐起。我從不知道她醒來坐了多久了。她看我<u>清醒</u>了，便對我說昨天我做錯了什麼事，說錯了什麼話，要我<u>認錯</u>，要我用功讀書。有時候，她對我說父親的種種好處。她說："你總要<u>踏</u>上你<u>老子</u>的<u>腳步</u>，我一生只<u>曉得</u>這一個完全的人，你要學他，不要讓他<u>丟 面子</u>。"她說到<u>傷心</u>處，往往<u>掉下眼淚</u>來。到天大明時，她才把我的衣服穿好，<u>催</u>我去上學。<u>學堂門</u>上的<u>鑰匙</u>放在先生家裏，我先到學堂門口<u>一望</u>，便跑到先生家裏去<u>敲門</u>；先生家裏有人把鑰匙從門<u>縫裏遞出</u>來，我拿了跑回去，開了門，坐下念新課。十天之中，總有八、九天是我第一個去開學堂門的。等到先生來了，<u>我背了書</u>，才回家吃早飯。

　　我母親<u>管束</u>我最<u>嚴</u>。她是<u>慈母 兼任嚴父</u>。但她從來不在別人面前<u>罵</u>我一句，打我一下。我做錯了事，她只對我一望。我看見了她的<u>嚴厲</u>目光，便<u>嚇住</u>了。犯的錯小，她等到第二天早晨我睡醒時才<u>教訓</u>我。犯的錯大，她等到晚上人靜時，關了房門，<u>先責備</u>我，然後<u>行罰</u>，或罰<u>跪</u>，或<u>擰</u>我的肉。無論怎樣重罰，總不許我哭出聲音來。她教訓兒子，不是借此<u>出氣</u>叫別人聽的。

　　有一個<u>初秋</u>的<u>傍晚</u>，我吃了晚飯，在門口玩，身上只穿著一件<u>單背心</u>。這時候，我母親的妹妹玉英姨母在我家住，她怕我冷了，拿了一件<u>小衫</u>出來叫我穿上。我不肯穿，她說："穿上吧！涼了。"我隨口回答："娘*（涼）什麼！老子都不老子呀。"我剛說了這句話，一<u>抬頭</u>，看見母親從屋子裏走出，我<u>趕快</u>把小衫穿上。但她已聽見這句<u>輕薄</u>的話了。晚上人靜後，她罰我跪下，重重

---

*母親（方言），因發音與"涼"相近，作者借此開了一個玩笑

第二课

母亲的教诲

胡适

每天，天刚亮时，我母亲便把我喊醒，叫我披衣坐起。我从不知道她醒来坐了多久了。她看我清醒了，便对我说昨天我做错了什么事，说错了什么话，要我认错，要我用功读书。有时候，她对我说父亲的种种好处。她说："你总要踏上你老子的脚步，我一生只晓得这一个完全的人，你要学他，不要让他丢 面子。"她说到伤心处，往往掉下眼泪来。到天大明时，她才把我的衣服穿好，催我去上学。学堂门上的钥匙放在先生家里，我先到学堂门口一望，便跑到先生家里去敲门；先生家里有人把钥匙从门缝里递出来，我拿了跑回去，开了门，坐下念新课。十天之中，总有八、九天是我第一个去开学堂门的。等到先生来了，我背了书，才回家吃早饭。

我母亲管束我最严。她是慈母 兼任严父。但她从来不在别人面前骂我一句，打我一下。我做错了事，她只对我一望。我看见了她的严厉目光，便吓住了。犯的错小，她等到第二天早晨我睡醒时才教训我。犯的错大，她等到晚上人静时，关了房门，先责备我，然后行罚，或罚跪，或拧我的肉。无论怎样重罚，总不许我哭出声音来。她教训儿子，不是借此出气叫别人听的。

有一个初秋的傍晚，我吃了晚饭，在门口玩，身上只穿着一件单背心。这时候，我母亲的妹妹玉英姨母在我家住，她怕我冷了，拿了一件小衫出来叫我穿上。我不肯穿，她说："穿上吧! 凉了。"我随口回答："娘*（凉）什么! 老子都不老子呀。"我刚说了这句话，一抬头，看见母亲从屋子里走出，我赶快把小衫穿上。但她已听见这句轻薄的话了。晚上人静后，她罚我跪下，重重

---

* 母亲（方言），因发音与"凉"相近，作者借此开了一个玩笑

地責罰了一頓。她說：“你沒有父親，是多麼<u>得意</u>的事！好用來<u>說</u><u>嘴</u>！”她氣得坐著<u>發抖</u>，也不許我上床上睡。我跪著哭，用手<u>擦</u>眼淚，不知擦進了什麼<u>黴菌</u>；後來足足害了一年多的眼病，醫來醫去，總醫不好。我母親心裏又<u>悔</u>又急，聽說眼病可以用<u>舌頭</u><u>舔</u>去，有一夜她把我叫醒，真用舌頭舔我的病眼。這就是我的嚴師，我的慈母。

我在母親的教訓之下住了九年，受了極大極深的影響。我十四歲便離開她了。在這<u>廣漠</u>的人海裏，<u>獨自</u>混了二十多年，沒有一個人管束過我。如果我學到了<u>一絲一毫</u>的好<u>脾氣</u>，如果我學到了一點點<u>待人接物</u>的<u>和氣</u>，如果我能<u>寬恕</u>人，<u>體諒</u>人——我都得感謝我的慈母。

地责罚了一顿。她说："你没有父亲，是多么<u>得意</u>的事！好用来<u>说嘴</u>！"她气得坐着<u>发抖</u>，也不许我上床上睡。我跪着哭，用手<u>擦</u>眼泪，不知擦进了什么<u>霉菌</u>；后来足足害了一年多的眼病，医来医去，总医不好。我母亲心里又<u>悔</u>又急，听说眼病可以用<u>舌头舔</u>去，有一夜她把我叫醒，真用舌头舔我的病眼。这就是我的严师，我的慈母。

我在母亲的教训之下住了九年，受了极大极深的影响。我十四岁便离开她了。在这<u>广漠</u>的人海里，<u>独自混</u>了二十多年，没有一个人管束过我。如果我学到了<u>一丝一毫</u>的好脾气，如果我学到了一点点<u>待人接物</u>的<u>和气</u>，如果我能<u>宽恕</u>人，<u>体谅</u>人——我都得感谢我的慈母。

【生詞表】

1.	亮	亮	liàng	bright, light
2.	披	披	pī	to drape over one's shoulder
3.	清醒	清醒	qīngxǐng	clear-headed
4.	認錯	认错	rèncuò	to admit a fault, to make an apology
5.	踏上	踏上	tàshang	to follow (in someone's footsteps)
6.	老子	老子	lǎozi	父親/父亲
7.	腳步	脚步	jiǎobù	footsteps
8.	曉得	晓得	xiǎodé	知道 (口語)
9.	丟面子	丢面子	diūmiànzi	to lose face
10.	傷心	伤心	shāngxīn	sad, grieved
11.	掉下眼淚	掉下眼泪	diàoxiàyǎnlèi	to shed tears
12.	催	催	cuī	to hurry, to hasten
13.	學堂	学堂	xuétáng	school (old term for 學校/学校)
14.	鑰匙	钥匙	yàoshi	key
15.	望	望	wàng	to glance at, to gaze into distance
16.	敲門	敲门	qiāomén	to knock at the door
17.	縫	缝	fèng	chink, crack
18.	遞	递	dì	to pass, to hand over
19.	背(了)書	背(了)书	bèi(le)shū	to recite a lesson from memory
20.	管束	管束	guǎnshù	to control, to restrain
21.	嚴	严	yán	strict
22.	慈母	慈母	címǔ	loving mother
23.	兼任	兼任	jiānrèn	to hold a concurrent post
24.	罵	骂	mà	to scold
25.	嚴厲	严厉	yánlì	stern, severe
26.	嚇住	吓住	xiàzhù	to be frightened, to be scared
27.	教訓	教训	jiàoxùn	to teach sb. a lesson; lesson
28.	責備	责备	zébèi	to reproach, to blame, to reprimand
29.	行罰	行罚	xíngfá	to punish
30.	跪	跪	guì	to kneel
31.	擰	拧	nǐng	to pinch, to tweak
32.	出氣	出气	chūqì	to give vent to one's anger

33.	初秋	初秋	chūqiū	early autumn
34.	傍晚	傍晚	bàngwǎn	at nightfall, at dusk
35.	單背心	单背心	dānbèixīn	single-layered vest
36.	小衫	小衫	xiǎoshān	unlined upper garment
37.	抬頭	抬头	táitóu	to raise one's head
38.	趕快	赶快	gǎnkuài	quickly, at once
39.	輕薄	轻薄	qīngbó	frivolous, giddy
40.	得意	得意	déyì	to be proud of oneself
41.	説嘴	说嘴	shuōzuǐ	to brag, to boast
42.	發抖	发抖	fādǒu	to shiver, to shake
43.	擦	擦	cā	to rub, to wipe
44.	黴菌	霉菌	méijūn	mold, infection
45.	悔	悔	huǐ	to regret
46.	舌頭	舌头	shétou	tongue
47.	舔	舔	tiǎn	to lick
48.	廣漠	广漠	guǎngmò	vast, extensive
49.	獨自	独自	dúzì	alone, singly
50.	混	混	hùn	to drift along
51.	一絲一毫	一丝一毫	yìsīyìháo	a tiny bit, a little bit
52.	脾氣	脾气	píqì	temper
53.	待人接物	待人接物	dàirénjiēwù	to receive guests and deal with situations
54.	和氣	和气	héqì	kind, gentle, good-natured
55.	寬恕	宽恕	kuānshù	to forgive, to excuse
56.	體諒	体谅	tǐliàng	to show understanding and sympathy for

【重點句型與詞彙】

1. 她看我睡醒了，<u>便</u>對我說昨天我做錯了什麼事。

　　便：then, as soon as (used as an alternative to "就", often used in written style)
- 父母為了能送他上學，便把家裏兩畝地全部賣掉了。
- 沒有大哥的管束與幫助，便沒有我的今天。

2. 她說到傷心處，<u>往往</u>掉下眼淚來。

　　往往：it is often the case that… (emphasizes a set pattern)
- 小蘋往往要玩到傍晚才回家。
- 在家裏住往往會受到父母嚴厲的管束，極不方便。

3. …後來<u>足足</u>害了一年多的眼病。

　　足足：fully, as much as
- 我們足足在路上走了三天三夜。
- 足足有十年沒見面了，我恐怕已經記不得她長什麼樣兒了。

4. <u>醫來醫去</u>，總醫不好。

　　verb 來 verb 去：doing sth. back and forth, over and over again
- 你怎麼吩咐來吩咐去總是那麼幾句話，沒什麼新東西。
- 他們兩個都想要那張桌子，爭來爭去，結果誰也沒得到。

5. 我母親心裏<u>又</u>悔<u>又</u>急。

　　又…又…：both…and…
- 還是坐飛機去好，又快又舒服。
- 這種本地的桃子又鮮又嫩。

6. 如果我學到了<u>一絲一毫</u>的好脾氣….

　　一絲一毫：a tiny bit, a little bit
- 奇怪！雖然這種食品是用花生做的，可是卻沒有一絲一毫花生的味道。
- 你拿來的那兩張畫，看上去沒有一絲一毫的差別。

【重点句型与词汇】

1. 她看我睡醒了，<u>便</u>对我说昨天我做错了什么事。

   便： then, as soon as (used as an alternative to "就", often used in written style)
   - 父母为了能送他上学，便把家里两亩地全部卖掉了。
   - 没有大哥的管束与帮助，便没有我的今天。

2. 她说到伤心处，<u>往往</u>掉下眼泪来。

   往往： it is often the case that… (emphasizes a set pattern)
   - 小苹往往要玩到傍晚才回家。
   - 在家里住往往会受到父母严厉的管束，极不方便。

3. ...后来<u>足足</u>害了一年多的眼病。

   足足： fully, as much as
   - 我们足足在路上走了三天三夜。
   - 足足有十年没见面了，我恐怕已经记不得她长什么样儿了。

4. <u>医来医去</u>，总医不好。

   verb 来 verb 去： doing sth. back and forth, over and over again
   - 你怎么吩咐来吩咐去总是那么几句话，没什么新东西。
   - 他们两个都想要那张桌子，争来争去，结果谁也没得到。

5. 我母亲心里<u>又</u>悔<u>又</u>急。

   又…又…： both…and…
   - 还是坐飞机去好，又快又舒服。
   - 这种本地的桃子又鲜又嫩。

6. 如果我学到了<u>一丝一毫</u>的好脾气....

   一丝一毫： a tiny bit, a little bit
   - 奇怪！虽然这种食品是用花生做的，可是却没有一丝一毫花生的味道。
   - 你拿来的那两张画，看上去没有一丝一毫的差别。

【練習】

一、課堂討論題：

1. 請同學們課前上網查出作者胡適的生平、主要作品、照片及本文的寫作背景。

2. 用一句話說明這篇文章的主題。

3. 本文表達了作者對母親什麼樣的感情？

4. 由文中你看得出胡適的母親是什麼樣的人嗎？

5. 作者每天醒後所做的第一件事是什麼？他為什麼要這樣做？文中的"先生"指的是誰？

6. 作者母親教訓兒子時為什麼不准他哭出聲音？

7. 這位母親愛她兒子嗎？你是怎麼看出來的？你對這位母親有什麼看法？

8. 母親對胡適的一生有什麼樣的影響？作者在文章中哪一段提到了這些影響？

9. 作者為何說母親是"嚴師"又是"慈母"？作者用什麼方法來表現母親的"嚴"與"慈"？

10. 請回想一下父母曾對你說過的話，哪些給你留下了深刻的印象。為什麼？

二、請把左右兩邊同音的字連起來：

例：比 —————————> 筆

1. 遞	累
2. 慈	帶
3. 初	被
4. 鑰	思
5. 望	詞
6. 待	小
7. 絲	第
8. 備	出
9. 淚	忘
10. 曉	要

三、用下面的詞語填空：

教訓、責備、傷心、和氣、待人接物、一絲一毫、體諒、極大、嚴屬

1. 雖然小玉做錯了事，可是她父母卻沒有_____她。

2. 父母因為工作忙，有時回來得太晚，你們要_____他們。

3. 做我們這種工作不能出_____的差錯。

4. 你說這樣的話讓我非常_____。你還是我的朋友嗎？

【练习】

一、课堂讨论题：

1. 请同学们课前上网查出作者胡适的生平、主要作品、照片及本文的写作背景。

2. 用一句话说明这篇文章的主题。

3. 本文表达了作者对母亲什么样的感情？

4. 由文中你看得出胡适的母亲是什么样的人吗？

5. 作者每天醒后所做的第一件事是什么？他为什么要这样做？文中的"先生"指的是谁？

6. 作者母亲教训儿子时为什么不准他哭出声音？

7. 这位母亲爱她儿子吗？你是怎么看出来的？你对这位母亲有什么看法？

8. 母亲对胡适的一生有什么样的影响？作者在文章中哪一段提到了这些影响？

9. 作者为何说母亲是"严师"又是"慈母"？作者用什么方法来表现母亲的"严"与"慈"？

10. 请回想一下父母曾对你说过的话，哪些给你留下了深刻的印象。为什么？

二、请把左右两边同音的字连起来：

例：比 ——————> 笔

1. 递   累
2. 慈   带
3. 初   被
4. 钥   思
5. 望   词
6. 待   小
7. 丝   第
8. 备   出
9. 泪   忘
10. 晓   要

三、用下面的词语填空：

教训、责备、伤心、和气、待人接物、一丝一毫、体谅、极大、严厉

1. 虽然小玉做错了事，可是她父母却没有＿＿＿＿她。

2. 父母因为工作忙，有时回来得太晚，你们要＿＿＿＿他们。

3. 做我们这种工作不能出＿＿＿＿的差错。

4. 你说这样的话让我非常＿＿＿＿。你还是我的朋友吗？

5. 好在那家商店的工作人員非常＿＿＿＿，幫了我一個＿＿＿＿的忙。

6. 我一定要接受這次的＿＿＿＿，再也不會犯一樣的錯了。

7. 母親教會了我如何＿＿＿＿，如何與人打交道。

8. 看見老師那＿＿＿＿的目光，同學們都嚇得說不出話來。

四、最理想的父母：

假如你可以選擇自己的父母，你會選擇什麼樣的呢？請與小組同學一起討論，說出你們認為最理想的父母應該具有的特點，然後再與全班同學討論。

最理想的父母
例：從來不打、罵孩子。
1.
2.
3.
4.
5.
6.

五、請在括號中選出一個正確的字：

1. 他每天(惺、醒)來後做的一件事就是背書。

2. 請把那個本子(遞、遲)過來，好嗎？

3. 天涼了，我幫孩子(批、披)上大衣。

4. 看到園子裏種的花草都死了，妹妹(傷、殤)心地掉下眼淚來。

5. 我這一生也忘不了父母的教(誨、悔)。

6. 她怎麼還不出來，你上去(催、摧)她一下吧！

7. 今天的(工、功)課我已經全部做完了。

8. 你的手不乾淨，別用手(嚓、擦)眼睛，那樣容易得眼病。

9. 他今天被罰了跪，(脾、裨)氣特別大，最好別理他。

10. 在中國的那幾年對她一生都產生了極大的影(嚮、響)

六、作文：

　　✎ 假如我是一位母親/父親

　　　　要求：

　　　　　　• 運用想象力，敘述清晰，有條理

　　　　　　• 文中不僅要指出你希望做什麼樣的父母，也要提出理由

5. 好在那家商店的工作人员非常＿＿＿＿＿＿，帮了我一个＿＿＿＿＿＿的忙。
6. 我一定要接受这次的＿＿＿＿＿＿，再也不会犯一样的错了。
7. 母亲教会了我如何＿＿＿＿＿＿，如何与人打交道。
8. 看见老师那＿＿＿＿＿＿的目光，同学们都吓得说不出话来。

四、最理想的父母：

假如你可以选择自己的父母，你会选择什么样的呢？请与小组同学一起讨论，说出你们认为最理想的父母应该具有的特点，然后再与全班同学讨论。

最理想的父母
例：从来不打、骂孩子。
1.
2.
3.
4.
5.
6.

五、请在括号中选出一个正确的字：

1. 他每天(惺、醒)来后做的一件事就是背书。
2. 请把那个本子(递、第)过来，好吗？
3. 天凉了，我帮孩子(批、披)上大衣。
4. 看到园子里种的花草都死了，妹妹(伤、殇)心地掉下眼泪来。
5. 我这一生也忘不了父母的教(诲、悔)。
6. 她怎么还不出来，你上去(催、摧)她一下吧！
7. 今天的(工、功)课我已经全部做完了。
8. 你的手不干净，别用手(嚓、擦)眼睛，那样容易得眼病。
9. 他今天被罚了跪，(脾、禅)气特别大，最好别理他。
10.在中国的那几年对她一生都产生了极大的影(向、响)

六、作文：

✎ 假如我是一位母亲/父亲
   要求：
   • 运用想象力，叙述清晰，有条理
   • 文中不仅要指出你希望做什么样的父母，也要提出理由

【寫作參考資料】

名稱	標點符號 (二)	用法說明	例子
分號	；	表示一句話中間並列分句間的停頓。	我愛熱鬧，也愛冷靜；愛群居，也愛獨處。
括號	（　）	表示文中解釋性的話。	等了大半天(其實只等了半個小時)你也沒來。
省略號	…	表示語言省略的部份。	今天有炒麵、包子、餃子…好多食品。
		表示語氣的斷斷續續或延長。	他上氣不接下氣地說：“快…快…跑吧！”
引號	“　” ‘　’	表示引用的部份。	父親說：“你們愛吃花生麼？”
		表示特定稱謂或需要強調的詞語。	大家都叫他“中國通”。
		表示諷刺的意思。	他就是有名的“好好先生”。
		引號裏還要用引號時，外面一層用雙引號，裏面一層用單引號。	她問：“老師，‘石榴’是哪種水果啊？”
破折號	——	表示下面有說明的部份。	我永遠也忘不了她——我的老師！
		表示話題突然轉變。	我——我——我只想看看外面有沒有人。
		表示聲音的延長。	哇——孩子大哭起來。

● 請給下面的句子加上適當的標點：
1. 大雨把我們幾個淋成了落湯雞
2. 白天她們一起上課晚上她們一起做作業總是形影不離
3. 我五歲其實只有四歲零三個月便隨父親去了上海
4. 她永遠也忘不了那一天一九九七年十月三十一日
5. 孩子大聲地問道老師天氣的氣怎麼寫啊
6. 動物園裏有大象老虎獅子十幾種動物
7. 啊他對著樹林子大叫了一聲
8. 這就是我跟你說過的許老師我們學校最有名的中文老師

【写作参考资料】

名称	标点符号（二）	用法说明	例子
分号	；	表示一句话中间并列分句间的停顿。	我爱热闹，也爱冷静；爱群居，也爱独处。
括号	（ ）	表示文中解释性的话。	等了大半天(其实只等了半个小时)你也没来。
省略号	…	表示语言省略的部份。	今天有炒面、包子、饺子…好多食品。
		表示语气的断断续续或延长。	他上气不接下气地说："快…快…跑吧！"
引号	" "	表示引用的部份。	父亲说："你们爱吃花生么？"
	' '	表示特定称谓或需要强调的词语。	大家都叫他"中国通"。
		表示讽刺的意思。	他就是有名的 "好好先生"。
		引号里还要用引号时，外面一层用双引号，里面一层用单引号。	她问："老师，'石榴'是哪种水果啊？"
破折号	——	表示下面有说明的部份。	我永远也忘不了她——我的老师！
		表示话题突然转变。	我——我——我只想看看外面有没有人。
		表示声音的延长。	哇——孩子大哭起来。

● 请给下面的句子加上适当的标点：
1. 大雨把我们几个淋成了落汤鸡
2. 白天她们一起上课晚上她们一起做作业总是形影不离
3. 我五岁其实只有四岁零三个月便随父亲去了上海
4. 她永远也忘不了那一天一九九七年十月三十一日
5. 孩子大声地问道老师天气的气怎么写啊
6. 动物园里有大象老虎狮子十几种动物
7. 啊他对著树林子大叫了一声
8. 这就是我跟你说过的许老师我们学校最有名的中文老师

差不多先生

胡適

　　你知道中國最有名的人是誰？提起此人，人人皆曉，處處聞名。他姓差，名不多，是各省各縣各村人氏。你一定見過他，一定聽過別人談起他；差不多先生的名字，天天掛在大家的口頭，因為他是中國全國人的代表。

　　差不多先生的相貌，和你和我都差不多。他有一雙眼睛，但看得不很清楚；有兩隻耳朵，但聽得不很分明；有鼻子和嘴，但他對於氣味和口味都不很講究；他的腦子也不小，但他的記性卻不很好，他的思想也不細密。

　　他常常說：“凡事只要差不多就好了。何必太精明呢？”

　　他小的時候，他媽媽叫他買紅糖，他買白糖回來。他媽媽罵他，他搖搖頭道：“紅糖同白糖，不是差不多嗎？”

　　他在學堂的時候，先生問他：“河北省的西邊是哪一省？”他說是陝西。先生說：“錯了。是山西，不是陝西。”他說：“陝西同山西，不是差不多嗎？”

　　後來他在一個錢舖裏做夥計；他也會寫，也會算，只是總不精細；十字常常寫成千字，千字常常寫成十字。掌櫃的生氣了，常常罵他，他只是笑嘻嘻地賠小心道：“千字比十字只多一小撇，不是差不多嗎？”

　　有一天，他為了一件要緊的事，要坐火車到上海去，他從從容容地走到火車站，遲了兩分鐘，火車已開走了。他瞪著眼，望著遠遠的火車上的煤煙，搖搖頭說：“只好明天再走了，今天走同明天走，也還差不多；可是火車公司未免太認真了。八點三十分開，同八點三十二分開，不是差不多嗎？”他一面說，一面慢慢地走回家，心裏總不很明白為什麼火車不肯等他兩分鐘。

差不多先生

胡适

你知道中国最有名的人是谁？提起此人，人人皆晓，处处闻名。他姓差，名不多，是各省各县各村人氏。你一定见过他，一定听过别人谈起他；差不多先生的名字，天天挂在大家的口头，因为他是中国全国人的代表。

差不多先生的相貌，和你和我都差不多。他有一双眼睛，但看得不很清楚；有两只耳朵，但听得不很分明；有鼻子和嘴，但他对于气味和口味都不很讲究；他的脑子也不小，但他的记性却不很好，他的思想也不细密。

他常常说："凡事只要差不多就好了。何必太精明呢？"

他小的时候，他妈妈叫他买红糖，他买白糖回来。他妈妈骂他，他摇摇头道："红糖同白糖，不是差不多吗？"

他在学堂的时候，先生问他："河北省的西边是哪一省？"他说是陕西。先生说："错了。是山西，不是陕西。"他说："陕西同山西，不是差不多吗？"

后来他在一个钱铺里做伙计；他也会写，也会算，只是总不精细；十字常常写成千字，千字常常写成十字。掌柜的生气了，常常骂他，他只是笑嘻嘻地赔小心道："千字比十字只多一小撇，不是差不多吗？"

有一天，他为了一件要紧的事，要坐火车到上海去，他从从容容地走到火车站，迟了两分钟，火车已开走了。他瞪着眼，望着远远的火车上的煤烟，摇摇头说："只好明天再走了，今天走同明天走，也还差不多；可是火车公司未免太认真了。八点三十分开，同八点三十二分开，不是差不多吗？"他一面说，一面慢慢地走回家，心里总不很明白为什么火车不肯等他两分钟。

　　有一天，他忽然得了急病，趕快叫家人去請東街的汪先生。那家人<u>急</u><u>急忙忙</u>地跑過去，<u>一時</u>找不著東街的汪大夫，卻把西街的牛醫王大夫請來了。差不多先生生病在床上，知道找錯了人；但病急了，身體很痛，心裏<u>焦急</u>，等不得了，想道：“好在王大夫同汪大夫也差不多，讓他試試看吧。”於是這位牛醫王大夫走近床前，用醫牛的法子給差不多先生治病。不到一個鐘頭，差不多先生就<u>一命嗚呼</u>了。差不多先生差不多要死的時候，一口氣<u>斷斷續續</u>地說道：“活人同死人也差……差……差……不多，……凡事只要……差……差……不多……就……好了，……何……必……太……太認真呢？”他說完了這句<u>格言</u>，就<u>絕了氣</u>。

　　他死後，大家都<u>稱讚</u>差不多先生樣樣事情看得破，想得通；大家都說他一生不肯認真，不肯<u>計較</u>，真是一位有<u>德行</u>的人。於是大家給他取個死後的<u>法號</u>，叫他“<u>圓通大師</u>”。他的<u>名聲</u>越<u>傳</u>越遠，越久越大，無數無數的人，都學他的<u>榜樣</u>。於是人人都成了差不多先生——然而中國從此就成了一個<u>懶人</u>國了。

　　有一天，他忽然得了急病，赶快叫家人去请东街的汪先生。那家人<u>急</u><u>急忙忙</u>地跑过去，<u>一时</u>找不着东街的汪大夫，却把西街的牛医王大夫请来了。差不多先生生病在床上，知道找错了人；但病急了，身体很痛，心里<u>焦急</u>，等不得了，想道："好在王大夫同汪大夫也差不多，让他试试看吧。"于是这位牛医王大夫走近床前，用医牛的法子给差不多先生治病。不到一个钟头，差不多先生就<u>一命呜呼</u>了。差不多先生差不多要死的时候，一口气<u>断断续续</u>地说道："活人同死人也差……差……差……不多，……凡事只要……差……差……不多……就……好了，……何……必……太……太认真呢？"他说完了这句<u>格言</u>，就<u>绝了气</u>。

　　他死后，大家都<u>称赞</u>差不多先生样样事情看得破，想得通；大家都说他一生不肯认真，不肯<u>计较</u>，真是一位有<u>德行</u>的人。于是大家给他取个死后的<u>法号</u>，叫他"<u>圆通大师</u>"。他的<u>名声</u>越传越远，越久越大，无数无数的人，都学他的<u>榜样</u>。于是人人都成了差不多先生——然而中国从此就成了一个<u>懒</u>人国了。

【生詞表】

1.	人人皆曉	人人皆晓	rénrénjiēxiǎo	人人都知道
2.	省	省	shěng	province
3.	縣	县	xiàn	county
4.	村	村	cūn	village
5.	代表	代表	dàibiǎo	representative
6.	相貌	相貌	xiàngmào	facial features
7.	分明	分明	fēnmíng	clearly
8.	講究	讲究	jiǎngjiu	to be particular about, to pay attention to
9.	記性	记性	jìxing	memory
10.	細密	细密	xìmì	minute, careful
11.	精明	精明	jīngmíng	astute, shrewd
12.	紅糖	红糖	hóngtáng	brown sugar
13.	搖(搖)頭	摇(摇)头	yáo(yáo)tóu	to shake one's head
14.	錢鋪	钱铺	qiánpù	old-style Chinese private bank
15.	夥計	伙计	huǒji	salesclerk, shop assistant
16.	精細	精细	jīngxì	fine, meticulous
17.	掌櫃的	掌柜的	zhǎngguìde	shopkeeper
18.	笑嘻嘻	笑嘻嘻	xiàoxīxī	smilingly
19.	賠小心	赔小心	péixiǎoxīn	to act obsequiously to calm another's anger
20.	撇	撇	piě	left-falling brush stroke (in characters)
21.	從從容容	从从容容	cóngcóngróngróng	unhurriedly
22.	遲	迟	chí	to be late
23.	瞪(著)眼	瞪(着)眼	dèng(zhe)yǎn	to open one's eyes wide
24.	煤煙	煤烟	méiyān	smoke from burning coal
25.	急急忙忙	急急忙忙	jíjīmángmáng	in a hurry, hurriedly
26.	一時	一时	yìshí	momentarily, temporarily
27.	焦急	焦急	jiāojí	anxious, worried
28.	一命嗚呼	一命呜呼	yímìngwūhū	to die, to kick the bucket
29.	斷斷續續	断断续续	duànduànxùxù	off and on, intermittently
30.	格言	格言	géyán	maxim, motto
31.	絕(了)氣	绝(了)气	jué(le)qì	to breathe one's last breath, to die

32.	稱讚	称赞	chēngzàn	to praise
33.	計較	计较	jìjiào	to fuss about, to haggle over
34.	德行	德行	déxíng	moral caliber, moral integrity
35.	法號	法号	fǎhào	a given name for a Buddhist monk or nun
36.	圓通大師	圆通大师	yuántōngdàshī	Master of Flexibility
37.	名聲	名声	míngshēng	reputation, name
38.	傳	传	chuán	to spread
39.	榜樣	榜样	bǎngyàng	model
40.	懶	懒	lǎn	lazy

【重點句型與詞彙】

1. 但他對於氣味和口味都不很<u>講究</u>。

　　講究：be particular about, to pay attention to
- 他這個人對自己的外表從不講究，待人接物也很沒有禮貌。
- 教訓人時要講究方法，不能動手打人。

2. 凡事只要差不多就好了。<u>何必</u>太精明呢？

　　何必：why, there is no need
- 你什麼都有了，何必還要羨慕別人呢？
- 只是跟你開個小玩笑，何必生氣呢？

3. …可是火車公司<u>未免</u>太認真了。

　　未免：a bit too, really too
- 為這麼一點小事罰他，未免有些過份了。
- 這樣對待一個還不懂事的小孩子，未免太嚴了吧。

4. <u>無數</u>無數的人，都學他的榜樣。

　　無數：innumerable, countless
- 母親為生病的孩子流下了無數的眼淚。
- 這部電影受到過無數人的歡迎，影響了一代人。

5. <u>於是</u>人人都成了一個差不多先生。

　　於是：as a result, thereupon, consequently
- 李品脾氣極好，待人也特別熱情，大家於是很快跟他成了朋友。
- 我因為前天晚上在外面著了涼，於是就生病了，不得不在床上躺了兩天。

6. …然而中國<u>從此</u>就成了一個懶人國了。

　　從此：from then, from this time on
- 今年本地區開辦了一所小學。從此，這裏的孩子們再不必去那麼遠的地
　　　　方上學了。
- 大姨搬到上海以後一直沒來過信，我們兩家從此就失去了聯繫。

【重点句型与词汇】

1. 但他对于气味和口味都不很<u>讲究</u>。

   讲究: to be particular about, to pay attention to
   - 他这个人对自己的外表从不讲究，待人接物也很没有礼貌。
   - 教训人时要讲究方法，不能动手打人。

2. 凡事只要差不多就好了。<u>何必</u>太精明呢？

   何必: why, there is no need
   - 你什么都有了，何必还要羡慕别人呢？
   - 只是跟你开个小玩笑，何必生气呢？

3. ...可是火车公司<u>未免</u>太认真了。

   未免: a bit too, really too
   - 为这么一点小事罚他，未免有些过份了。
   - 这样对待一个还不懂事的小孩子，未免太严了吧。

4. <u>无数</u>无数的人，都学他的榜样。

   无数: innumerable, countless
   - 母亲为生病的孩子流下了无数的眼泪。
   - 这部电影受到过无数人的欢迎，影响了一代人。

5. <u>于是</u>人人都成了一个差不多先生。

   于是: as a result, thereupon, consequently
   - 李品脾气极好，待人也特别热情，大家于是很快跟他成了朋友。
   - 我因为前天晚上在外面着了凉，于是就生病了，不得不在床上躺了两天。

6. ...然而中国<u>从此</u>就成了一个懒人国了。

   从此: from then, from this time on
   - 今年本地区开办了一所小学。从此，这里的孩子们再不必去那么远的地
   方上学了。
   - 大姨搬到上海以后一直没来过信，我们两家从此就失去了联系。

【練習】

一、課堂討論題：

1. 本文使用什麼方式開頭？這樣的開頭有什麼好處？

2. 本文中的"你"指的是誰？

3. "差不多先生"長得與一般人有什麼不同？

4. 爲什麼作者說我們一定見過或聽說過"差不多先生"呢？

5. 作者說"差不多先生"是什麼人的代表？爲什麼這麼說？

6. "差不多先生"做事的標準是什麼？

7. 本文是按照什麼順序(shùnxu: order)來寫的？

8. 全文結尾的那句話與開頭的哪句相呼應(xiānghūyìng: to echo)？

9. 作者使用了諷刺(fěngcì: satirize)的手法來描寫(miáo xiě: to describe)"差不多先生"，這樣寫的好處在什麼地方？

10. 作者想通過"差不多先生"這樣一個並不眞實的人物說明什麼？

11. 你認爲"差不多先生"的死值得同情嗎？爲什麼？

12. 人一般有哪些坏習慣？請你提出幾個改正坏習慣的好方法。

二、請寫出幾件"差不多先生"做過的馬虎事：

小時候	
上學的時候	
工作以後	

三、請找出下面句子中的錯別字：

1. 提起此人，人人皆小，處處聞明。

2. 因爲他是中國全國人的伐表。

3. 凡事只要差不多就好了。何必太晴明呢。

4. 他只是笑嬉嬉地培小心。

【练习】

一、课堂讨论题：

1. 本文使用什么方式开头？这样的开头有什么好处？

2. 本文中的"你"指的是谁？

3. "差不多先生"长得与一般人有什么不同？

4. 为什么作者说我们一定见过或听说过"差不多先生"呢？

5. 作者说"差不多先生"是什么人的代表？为什么这么说？

6. "差不多先生"做事的标准是什么？

7. 本文是按照什么顺序(shùnxu: order)来写的？

8. 全文结尾的那句话与开头的哪句相呼应(xiānghūyìng: to echo)？

9. 作者使用了讽刺(fěngcì: satirize) 的手法来描写(miáo xiě: to describe)"差不多先生"，这 样写的好处在什么地方？

10. 作者想通过"差不多先生"这样一个并不真实的人物说明什么？

11. 你认为"差不多先生"的死值得同情吗？为什么？

12. 人一般有哪些坏习惯？请你提出几个改正坏习惯的好方法。

二、请写出几件"差不多先生"做过的马虎事：

小时候	
上学的时候	
工作以后	

三、请找出下面句子中的错别字：

1. 提起此人，人人皆小，处处闻明。

2. 因为他是中国全国人的伐表。

3. 凡事只要差不多就好了。何必太晴明呢。

4. 他只是笑嬉嬉地培小心。

5. 他匆匆容容地走到火車站。
6. 可是火車公司味免太認真了。
7. 好在王大夫同汪大夫也差不多，讓他試試看罷。
8. 大家都稱攢差不多先生樣樣事情看得坡。
9. 無數無數的人，都學他的旁樣。
10. 然而中國從此就成了一個懶人國了。

四、看課文選擇正確答案：

1. "差不多先生的名字，天天掛在大家的口頭"的意思是：
a) 差不多先生的名字很特別　　　b) 差不多先生很有名
c) "差不多"是很多人常說的話

2. "他有一雙眼，但看得不很清楚；有兩隻耳朵，但聽得不很分明"因為他　：
a) 做事馬虎，不願意講究　b) 眼睛和耳朵真的有毛病　c) 太老了

3. "差不多先生就一命嗚呼了"中"一命嗚呼"的意思是：
a) 大聲喊叫　　　　　b) 高興極了　　　　　c) 死了

4. 他常常說："__事只要差不多就好了。何必太精明呢？"中的 __ 應該填上：
a) 都　　　　　　　b) 所有　　　　　　　　c) 凡

5. "差不多先生一口氣斷斷續續地說道..."是因為：
a) 怕別人聽不清楚　b) 因為要死了，力氣不夠　c) 心裏焦急

6. "他白瞪著眼，望著遠遠的火車上的煤煙"是在他：
a) 誤了火車以後　　b) 買火車票的時候　　　c) 等火車的時候

7. "那家人急急忙忙地跑過去，____ 尋不著東街的汪大夫，卻把西街的牛醫王大夫
　 請來了"中的 __ 應該填上：
a) 一時　　　　　　b) 因為　　　　　　c) 總是

8. "他死後，大家都稱讚差不多先生樣樣事情看得破"的意思是：
a) 差不多先生值得大家尊重　　　　　　b) 作者在諷刺差不多先生
c) 大家都認為差不多先生死得好

5. 他匆匆容容地走到火车站。
6. 可是火车公司味免太认真了。
7. 好在王大夫同汪大夫也差不多，嚷他试试看罢。
8. 大家都称攒差不多先生样样事情看得坡。
9. 无数无数的人，都学他的旁样。
10. 然而中国从此就成了一个赖人国了。

四、看课文选择正确答案:
1. "差不多先生的名字，天天挂在大家的口头"的意思是:
a) 差不多先生的名字很特别　　　b) 差不多先生很有名
c) "差不多"是很多人常说的话

2. "他有一双眼，但看得不很清楚；有两只耳朵，但听得不很分明"因为他 :
a) 做事马虎，不愿意讲究　b) 眼睛和耳朵真的有毛病　c) 太老了

3. "差不多先生就一命呜呼了"中"一命呜呼"的意思是:
a) 大声喊叫　　　b) 高兴极了　　　c) 死了

4. 他常常说:"＿事只要差不多就好了。何必太精明呢？"中的 ＿应该填上:
a) 都　　　　b) 所有　　　　c) 凡

5. "差不多先生一口气断断续续地说道…"是因为:
a) 怕别人听不清楚　b) 因为要死了，力气不够　c) 心里焦急

6. "他白瞪着眼，望着远远的火车上的煤烟"是在他:
a) 误了火车以后　　b) 买火车票的时候　　c) 等火车的时候

7. "那家人急急忙忙地跑过去，＿＿寻不着东街的汪大夫，却把西街的牛医王大夫请来了"中的 ＿应该填上:
a) 一时　　　　b) 因为　　　　c) 总是

8. "他死后，大家都称赞差不多先生样样事情看得破"的意思是:
a) 差不多先生值得大家尊重　　　　b) 作者在讽刺差不多先生
c) 大家都认为差不多先生死得好

9. "雖然他知道自己說 __ 了話，卻不 __ 跟那人道歉" 中的 __ 應該填上：
a) 多、能　　　　　　b) 對、想　　　　　　c) 錯、肯

10. "他的名譽越傳越遠，越久越大，無數無數的人，都學他的榜樣" 由此可知道:
a) 從此中國的差不多先生越來越多　b) 差不多先生很快就被大家忘掉了
c) 大家都不願意當"差不多先生"

五、用下列詞語填空:
稱讚、講究、精明、無數、計較、榜樣、何必、從從容容、焦急、未免

1. 李季(　　　　　　　)地走進教室，完全沒注意到老師正瞪著眼望著他。
2. 差不多先生這樣做，(　　　　　　)也太馬虎了。
3. 已經半夜了，母親(　　　　　)地在家等著孩子回來。
4. 酒店裏的小夥計非常(　　　　　)，總是算得很清楚，從來沒出過錯。
5. 他這個人常常愛因小事跟別人(　　　　　)。
6. 中國人喝茶對茶具非常(　　　　　)。
7. 我們的身邊就有很多值得我們學習的(　　　　　)。
8. 大家都(　　　　　)她這件事做得好，做得對。
9. 既然喝酒後這麼痛苦，(　　　　　)還要喝那麼多呢？
10. 他的行為受到(　　　　　)人的稱讚。

六、作文:
　　✎ 寓言(yùyán: allegory)故事
　　　　要求:
　　　　　　• 模仿本文，350字左右
　　　　　　• 要通過故事傳達一些道理，文章才有意義。
　　　　　　• 以"正話反說"的方式來增加文章的趣味(qùwèi:interest)。

9. "虽然他知道自己说 __ 了话，却不 __ 跟那人道歉"中的 __ 应该填上：
a) 多、能　　　　　　　b) 对、想　　　　　　　　c) 错、肯

10. "他的名誉越传越远，越久越大，无数无数的人，都学他的榜样"由此可知道：
a) 从此中国的差不多先生越来越多　　b) 差不多先生很快就被大家忘掉了
c) 大家都不愿意当"差不多先生"

五、用下列词语填空：
称赞、讲究、精明、无数、计较、榜样、何必、从从容容、焦急、未免

1. 李季(　　　　　　　　)地走进教室，完全没注意到老师正瞪着眼望着他。
2. 差不多先生这样做，(　　　　　　　　)也太马虎了。
3. 已经半夜了，母亲(　　　　　　　)地在家等着孩子回来。
4. 酒店里的小伙计非常(　　　　　　　)，总是算得很清楚，从来没出过错。
5. 他这个人常常爱因小事跟别人(　　　　　　　)。
6. 中国人喝茶对茶具非常(　　　　　　　)。
7. 我们的身边就有很多值得我们学习的(　　　　　　　)。
8. 大家都(　　　　　　　)她这件事做得好，做得对。
9. 既然喝酒后这么痛苦，(　　　　　　　)还要喝那么多呢？
10. 他的行为受到(　　　　　　　)人的称赞。

六、作文：
✎ 寓言(yùyán: allegory)故事
　　要求：
　　　　• 模仿本文，350字左右
　　　　• 要通过故事传达一些道理，文章才有意义。
　　　　• 以"正话反说"的方式来增加文章的趣味(qùwèi:interest)。

【寫作參考資料】

● 記敘文的寫作：

記敘文(jìxùwén: narrative composition)所寫的常常是我們身邊的人、事、景和物，主要用記敘和描寫作為主要表達方式。記敘文以內容不同分為以下三種類型：

1. 寫事：要把事情發生的時間、地點、人物、原因、結果以及與此事有關的人物等基本情況寫清楚。一般來說，寫這一類的記敘文時，要交代事情前因後果以及其發展過程。有些主要的細節及當時的環境也應該寫到文章中。

2. 寫人：寫作前，先要確定所寫人物的性格特點，找出他們的外表、語言、動作特徵。除了描寫人物外表，同時也要注意人物的心理活動描寫。要用具體、生動(shēng dòng: lively)的例子來體現人物的真實個性和特點。

3. 寫景物：在提筆寫作之前，應該仔細觀察所寫對象並且熟悉它們的特點。在安排寫作順序時，可以根據景物的特點或根據觀察的順序來寫。要注意把自己的真實感受寫進文章中，這樣才能使文章變得有意義。寫作時，可使用各類動詞、形容詞以及各種修辭(xiūcí: rhetoric)手法，使"死"的景物"活"起來，生動起來。

● 回答下列問題：

1. 《落花生》、《母親的教誨》兩篇文章寫的是人、事、景還是物？

2. 你認為以上提到的兩篇文章最成功的地方在哪裏？

3. 《差不多先生》中，作者抓住了差不多先生的哪些特點來進行描寫？作者是用了什麼方法來突出這個人物的特點？

4. 《落花生》一文在描寫家人種花生時，從播種到收穫的過程，作者只用了很少的文字描寫，你認為這樣寫好嗎？作者為什麼要這樣安排呢？

【写作参考资料】

● 記敘文的寫作：

记叙文(jìxùwén: narrative composition)所写的常常是我们身边的人、事、景和物，主要用记叙和描写作为主要表达方式。记叙文以内容不同分为以下三种类型：

1. 写事：要把事情发生的时间、地点、人物、原因、结果以及与此事有关的人物等基本情况写清楚。一般来说，写这一类的记叙文时，要交代事情前因后果以及其发展过程。有些主要的细节及当时的环境也应该写到文章中。

2. 写人：写作前，先要确定所写人物的性格特点，找出他们的外表、语言、动作特征。除了描写人物外表，同时也要注意人物的心理活动描写。要用具体、生动 shēng dòng: lively)的例子来体现人物的真实个性和特点。

3. 写景物：在提笔写作之前，应该仔细观察所写对象并且熟悉它们的特点。在安排写作顺序时，可以根据景物的特点或根据观察的顺序来写。要注意把自己的真实感受写进文章中，这样才能使文章变得有意义。写作时，可使用各类动词、形容词以及各种修辞(xiūcí: rhetoric)手法，使"死"的景物"活"起来，生动起来。

● 回答下列问题：

1. 《落花生》、《母亲的教诲》两篇文章写的是人、事、景还是物？

2. 你认为以上提到的两篇文章最成功的地方在哪里？

3. 《差不多先生》中，作者抓住了差不多先生的哪些特点来进行描写？作者是用了什么方法来突出这个人物的特点？

4. 《落花生》一文在描写家人种花生时，从播种到收获的过程，作者只用了很少的文字描写，你认为这样写好吗？作者为什么要这样安排呢？

第四課
立志做大事
孫文

立志是讀書人最要緊的一件事。近代人立志的思想，是注重 發展 人類，為大家謀 幸福。中國青年應該有的志願，就是要把中國重新 建設起來，讓將來我國的文明和各國並駕齊驅。所以現代的青年，便應該以國家為己任，把建設將來社會事業的責任 擔負起來。這種志願究竟是如何立法呢？我讀古今中外的歷史，知道世界上極有名的人，不全是從政治事業一方面成功的。有在政權上一時極有勢力的人，後來並不知名的；有極知名的人，完全是在政治範圍之外的。簡單地說，古今人物名望的高大，不是在他所做的官大，而是在他所做事業的成功。如果一件事業能夠成功，便能夠享大名。所以我勸 諸君立志，要做大事，不要做大官。

什麼事叫做大事呢？大概地說，無論哪一件事，只要從頭至尾 徹底做成功，便是大事。譬如從前有個法國人叫做柏斯多*，專心考察普通人眼所不能見的東西——那種東西極微渺，極無用處。在普通人看起來，一定以為算不得一回什麼事，何必枉費工夫去研究它呢？但是柏斯多把它的構造、性質、和對於別種東西的關係，從頭至尾研究出來，成為一種有系統的結果，並把這種東西叫做微生物。由研究這種微生物，便發現微生物對於各種動、植物的危害極大，必須要把它消滅才好。現在世界人類受到消滅這種微生物的益處，不知道有多少。柏斯多立志研究的東西，雖然說是很小，但是他徹底得到了結果，便是成了大事，所以他在歷史上便享大名。

---

*Louis Pasteur (1822-1895)，法國著名生物學家。現也譯為巴斯德。

第四课

立志做大事
孙文

　　<u>立志</u>是读书人最要紧的一件事。<u>近代人</u>立志的思想，是<u>注重</u> <u>发展</u> <u>人</u>类，为大家<u>谋</u> <u>幸福</u>。中国青年应该有的<u>志愿</u>，是要把中国<u>重新</u> 建设起来，让将来我国的文明和各国<u>并驾齐驱</u>。所以现代的青年，便应该<u>以国家</u>为己任，把建设将来社会<u>事业</u>的<u>责任</u> <u>担负</u>起来。这种志愿<u>究竟</u>是如何立法呢？我读古今中外的历史，知道世界上极有名的人，不全是从<u>政治</u>事业一方面成功的。有在<u>政权</u>上一时极有<u>势力</u>的人，后来并不知名的；有极知名的人，完全是在政治<u>范围</u>之外的。简单地说，古今人物<u>名望</u>的高大，不是在他所做的<u>官</u>大，而是在他所做事业的成功。如果一件事业能够成功，便能够<u>享</u>大名。所以我<u>劝诸君</u>立志，要做大事，不要做大官。

　　什么事叫做大事呢？大概地说，无论哪一件事，只要<u>从头至尾</u> <u>彻底</u>做成功，便是大事。<u>譬如</u>从前有个法国人叫做柏斯多*，<u>专心</u><u>考察</u>普通人眼所不能见的东西——那种东西极<u>微渺</u>，极无用处。在普通人看起来，一定以为算不得一回什么事，何必<u>枉费工夫</u>去<u>研究</u>它呢？但是柏斯多把它的<u>构造</u>、<u>性质</u>、和对于别种东西的关系，从头至尾研究出来，成为一种<u>有系统</u>的结果，并把这种东西叫做<u>微生物</u>。由研究这种微生物，便发现微生物对于各种动、<u>植物</u>的<u>危害</u>极大，必须要把它<u>消灭</u>才好。现在世界人类受到消灭这种微生物的<u>益处</u>，不知道有多少。柏斯多立志研究的东西，虽然说是很小，但是他彻底得到了结果，便是成了大事，所以他在历史上便享大名。

---

* Louis Pasteur (1822-1895)，法国著名生物学家。现也译为巴斯德。

　　學生立志，注重之點，<u>萬不可</u>想要<u>達到</u>什麼<u>地位</u>。必須想要做成一件什麼事。因為地位是關係到個人的，達到了什麼地位，只能為個人謀幸福；事業是關係於<u>群眾</u>的，做成了什麼事，便能為大家謀幸福。

　　大家又知道，許多做大事成功的人，<u>不盡是</u>在學校讀過書的，也有<u>向來</u>沒進過學校的。不過那種人有他天生的長處，普通人要求所做的事不錯，必要<u>取法</u>古人的長處才好。所以我們要進學校讀書，取古今中外的知識、<u>才學</u>，來幫助我們做一件大事，然後那件大事才容易成功。

学生立志，注重之点，<u>万不可</u>想要<u>达到</u>什么<u>地位</u>。必须想要做成一件什么事。因为地位是关系到个人的，达到了什么地位，只能为个人谋幸福；事业是关系于<u>群众</u>的，做成了什么事，便能为大家谋幸福。

大家又知道，许多做大事成功的人，<u>不尽是</u>在学校读过书的，也有<u>向来</u>没进过学校的。不过那种人有他天生的长处，普通人要求所做的事不错，必要<u>取法</u>古人的长处才好。所以我们要进学校读书，取古今中外的知识、<u>才学</u>，来帮助我们做一件大事，然后那件大事才容易成功。

【生詞表】

1.	立志	立志	lìzhì	to set one's mind on sth.
2.	近代	近代	jìndài	modern times
3.	注重	注重	zhùzhòng	to pay attention to, to focus on
4.	發展	发展	fāzhǎn	to develop
5.	人類	人类	rénlèi	mankind, humanity
6.	謀	谋	móu	to seek
7.	幸福	幸福	xìngfú	well-being, happiness
8.	志願	志愿	zhìyuàn	will, wish
9.	重新	重新	chóngxīn	again, anew
10.	並駕齊驅	并驾齐驱	bìngjiàqíqū	to run neck and neck
11.	以…爲己任	以…为己任	yǐ…wéijǐrèn	to take…as one's own responsibility
12.	事業	事业	shìyè	cause, undertaking
13.	責任	责任	zérèn	responsibility
14.	擔負	担负	dānfù	to take on
15.	究竟	究竟	jiūjìng	exactly, actually
16.	政治	政治	zhèngzhì	politics, political affairs
17.	政權	政权	zhèngquán	political (or state) power
18.	勢力	势力	shìlì	influence, power
19.	範圍	范围	fànwéi	range, limits
20.	名望	名望	míngwàng	reputation, fame
21.	官	官	guān	government official
22.	享	享	xiǎng	to enjoy (rights, prestige, etc.)(or享有)
23.	勸	劝	quàn	to advise, to urge, to persuade
24.	諸君	诸君	zhūjūn	everybody
25.	從頭至尾	从头至尾	cóngtóuzhìwěi	from head to toe
26.	徹底	彻底	chèdǐ	completely
27.	譬如	譬如	pìrú	for instance (書面語)
28.	考察	考察	kǎochá	to inspect
29.	微渺	微渺	wēimiǎo	tiny, insignificant
30.	枉費工夫	枉费工夫	wǎngfèigōngfu	to waste time

31.	研究	研究	yánjiū	to study, to research
32.	構造	构造	gòuzào	structure, constitution
33.	性質	性质	xìngzhì	nature, character
34.	有系統	有系统	yǒuxìtǒng	methodical, systematic
35.	植物	植物	zhíwù	plant, flora
36.	微生物	微生物	wēishēngwù	microorganism
37.	危害	危害	wēihài	jeopardy, impairment
38.	消滅	消灭	xiāomiè	to exterminate
39.	益處	益处	yìchù	benefit
40.	萬不可	万不可	wànbùkě	by no means should you (or 千萬不可)
41.	達到	达到	dádào	to achieve, to gain
42.	地位	地位	dìwèi	status, position
43.	群眾	群众	qúnzhòng	the masses
44.	不盡是	不尽是	bújìnshì	are not all, are not completely
45.	向來	向来	xiànglái	always, all along
46.	取法	取法	qǔfǎ	to take as one's model (or 傚法/效法)
47.	才學	才学	cáixué	talent and learning, scholarship

【重點句型與詞彙】

1. 所以現代的青年，便應該<u>以</u>國家<u>爲</u>己任。

    以…爲…： take…as…, regard…as…
    - 學生們常以圖書館爲家。
    - 中國南方一般以大米爲主食。

2. 這種志願<u>究竟</u>是如何立法呢？

    究竟： actually, exactly (an emphatic adverb used in a question)
    - 他最近精神很不好，究竟是爲什麼呢？
    - 我們究竟要怎麼樣做才能成爲一個對社會有用的人呢？

3. 有極知名的人，完全是在政治<u>範圍</u>之外的。

    範圍： range, limit
    - 這是屬於植物學方面的，不在我們所研究的範圍內。
    - 我們學校地方小，活動範圍極爲有限。

4. 學生立志…萬不可想要達到什麼<u>地位</u>。

    地位： status, position, standing, place
    - 現在中國女性的社會地位提高了很多。
    - 許地山先生的作品在中國文學史上占有極爲重要的地位。

5. 許多做大事成功的人，<u>不盡是</u>在學校讀過書的，也有<u>向來沒</u>進過學校的。

    不盡是： are not all, are not completely
    - 來上這門中文寫作課的學生不盡是本校的，也有外校的。
    - 申請到我們這個小學教書的不盡是女老師，也有男老師。

    向來 ＋ 不/沒： never
    - 她向來不喜歡做事不認眞的人。
    - 我向來沒吃過味道這麼鮮美的食品。

【重点句型与词汇】

1. 所以现代的青年，便应该<u>以</u>国家<u>为</u>己任。

   以…为…： take…as…, regard…as…
   - 学生们常以图书馆为家。
   - 中国南方一般以大米为主食。

2. 这种志愿<u>究竟</u>是如何立法呢？

   究竟： actually, exactly (an emphatic adverb used in a question)
   - 他最近精神很不好，究竟是为什么呢？
   - 我们究竟要怎么样做才能成为一个对社会有用的人呢？

3. 有极知名的人，完全是在政治<u>范围</u>之外的。

   范围： range, limit
   - 这是属于植物学方面的，不在我们所研究的范围内。
   - 我们学校地方小，活动范围极为有限。

4. 学生立志…万不可想要达到什么<u>地位</u>。

   地位： status, position, standing, place
   - 现在中国女性的社会地位提高了很多。
   - 许地山先生的作品在中国文学史上占有极为重要的地位。

5. 许多做大事成功的人，<u>不尽是</u>在学校读过书的，也有<u>向来没</u>进过学校的。

   不尽是： are not all, are not completely
   - 来上这门中文写作课的学生不尽是本校的，也有外校的。
   - 申请到我们这个小学教书的不尽是女老师，也有男老师。

   向来 + 不/没： never
   - 她向来不喜欢做事不认真的人。
   - 我向来没吃过味道这么鲜美的食品。

【練習】

一、課堂討論題：

1. 作者孫文是誰？他還叫什麼名字？他在中國歷史上有何影響？請上網查出他的生平。

2. 按作者的説法，什麼算"做大事"？

3. 什麼是讀書人最要緊的一件事？

4. 作者爲什麼認爲要重新建設中國？

5. 你曾做過哪些大事？今年你打算做些什麼大事？

6. 爲什麼要立志做大事而不做大官？

7. "地位"與"事業"的區別是什麼？

8. 作者認爲現代青年應該有什麼樣的志願？

9. 柏斯多成功的原因有哪些？

10. 許多古今人物有極高的名望，這跟他們的官位大小有關係嗎？

11. "做大事"與"讀書"有什麼關係？

12. 你同意作者爲"做大事"下的定義(dìngyì: definition)嗎？爲什麼？

二、請將左、右意思相近的詞配成對：

例：微渺　————————————> 微小

1. 譬如　　　　　　　　　有名
2. 工夫　　　　　　　　　沒有
3. 要緊　　　　　　　　　優點
4. 無　　　　　　　　　　各位
5. 注重　　　　　　　　　做法
6. 向來　　　　　　　　　時間
7. 長處　　　　　　　　　重要
8. 取法　　　　　　　　　比如
9. 知名　　　　　　　　　重視
10. 諸君　　　　　　　　　從來

三、選擇題：

1. 作者希望讓將來中國的文明和各國：

a)並駕齊驅　　　　　　b)如釋重負　　　　　　c)任重道遠

2. "並駕齊驅"可換爲：

【练习】

一、课堂讨论题:

1. 作者孙文是谁？他还叫什么名字？他在中国历史上有何影响？请上网查出他的生平。

2. 按作者的说法，什么算"做大事"？

3. 什么是读书人最要紧的一件事？

4. 作者为什么认为要重新建设中国？

5. 你曾做过哪些大事？今年你打算做些什么大事？

6. 为什么要立志做大事而不做大官？

7. "地位"与"事业"的区别是什么？

8. 作者认为现代青年应该有什么样的志愿？

9. 柏斯多成功的原因有哪些？

10. 许多古今人物有极高的名望，这跟他们的官位大小有关系吗？

11. "做大事"与"读书"有什么关系？

12. 你同意作者为"做大事"下的定义(dìngyì: definition)吗？为什么？

二、请将左、右意思相近的词配成对:
例：微渺 ———————————> 微小

1. 譬如   有名
2. 工夫   没有
3. 要紧   优点
4. 无   各位
5. 注重   效法
6. 向来   时间
7. 长处   重要
8. 取法   比如
9. 知名   重视
10. 诸君   从来

三、选择题:

1. 作者希望让将来中国的文明和各国:

a)并驾齐驱   b)如释重负   c)任重道远

2. "并驾齐驱"可换为:

a)一心一意　　　　　b)齊頭並進　　　　　c)一馬當先

3. 什麼才算立志做大事?
a)把握重點　　　　　b)徹底做成功　　　　c)多讀書

4. "成功的人不盡是在學校讀過書的"其中"不盡"也可以換成:
a)不能　　　　　　　b)不全　　　　　　　c)不應該

5. "何必枉費工夫去研究它"中"枉費"可換成:
a)浪費　　　　　　　b)花費　　　　　　　c)消費

6. "現在世界人類受到消滅這種微生物的益處"中"益處"可換成:
a)利益　　　　　　　b)受益　　　　　　　c)好處

7. "有在政權上＿＿極有勢力的人,後來＿不知名"中的＿可填上:
a)有時、卻　　　　　b)當時、而　　　　　c)一時、並

8. 作者認為讀書:
a) 能幫助我們做成大事　　　b)就是做大事　　　c)與做大事沒有關係

9. 作者在文章中以法國生物學家柏斯多為例,目的是為了:
a) 以表示自己知道的人很多　　　b)加強文章的說服力
c) 說明不論什麼人都應該立志做大事

10. "微生物"中"微"的意思是:
a) 看得見的　　　　　b) 輕輕的　　　　　c) 極小的

四、看一看、想一想:
1. 請用一句話寫出文章中每段的大意。

段落大意	
第一段	人人都應該立志做大事
第二段	

a)一心一意　　　　b)齐头并进　　　　c) 一马当先

3. 什么才算立志做大事？
a)把握重点　　　　b)彻底做成功　　　　c)多读书

4. "成功的人不尽是在学校读过书的" 其中 "不尽" 也可以换成：
a)不能　　　　　　b)不全　　　　　　c)不应该

5. "何必枉费工夫去研究它" 中 "枉费" 可换成：
a)浪费　　　　　　b)花费　　　　　　c)消费

6. "现在世界人类受到消灭这种微生物的益处" 中 "益处" 可换成：
a)利益　　　　　　b)受益　　　　　　c)好处

7. "有在政权上＿＿极有势力的人，后来＿不知名" 中的＿可填上：
a)有时、却　　　　b)当时、而　　　　c)一时、并

8. 作者认为读书：
a) 能帮助我们做成大事　　　　b)就是做大事　　　c)与做大事没有关系

9. 作者在文章中以法国生物学家柏斯多为例，目的是为了：
a) 以表示自己知道的人很多　　　　b) 加强文章的说服力
c) 说明不论什么人都应该立志做大事

10. "微生物" 中 "微" 的意思是：
a) 看得见的　　　　　　b) 轻轻的　　　　　　c) 极小的

四、看一看、想一想：
1. 请用一句话写出文章中每段的大意。

段落大意	
第一段	人人都应该立志做大事
第二段	

第三段	
第四段	

2.你知道的古今中外做成大事的名人有哪些？他們都做成了什麼樣的大事？

名人	大事
1.	
2.	
3.	
4.	
5.	

五、將左、右兩邊的詞語搭配起來：

　例：研究 ---------->生物學

1. 謀　　　　　名字
2. 瞪　　　　　法
3. 建設　　　　幸福
4. 取　　　　　門
5. 擔　　　　　眼淚
6. 開闢　　　　他人
7. 敲　　　　　國家
8. 立　　　　　眼
9. 掉　　　　　空地
10. 寬恕　　　　責任

六、作文：

　　　✍ 我的志向

　　　　要求：

　　　　　　•條理清晰、段落分明
　　　　　　•提出志向同時，還要提出為什麼有這樣的志向，以及達到此志向須做的努力

第三段	
第四段	

2. 你知道的古今中外做成大事的名人有哪些？他们都做成了什么样的大事？

名人	大事
1.	
2.	
3.	
4.	
5.	

五、将左、右两边的词语搭配起来：

例：研究 ---------------->生物学

1. 谋　　　　　　　名字
2. 瞪　　　　　　　法
3. 建设　　　　　　幸福
4. 取　　　　　　　门
5. 担　　　　　　　眼泪
6. 开辟　　　　　　他人
7. 敲　　　　　　　国家
8. 立　　　　　　　眼
9. 掉　　　　　　　空地
10. 宽恕　　　　　　责任

六、作文：

　　✍ 我的志向

　　　　要求：

　　　　　　• 条理清晰、段落分明
　　　　　　• 提出志向同时，还要提出为什么有这样的志向，以及达到此志向须做的努力

【寫作參考資料】

● 議論文的寫作：

議論文(yìlùnwén: expository essay)一般用來表達自己對事物的看法、觀點或意見。在表達自己的看法時，要講出道理，說出事實，有清晰的結構和邏輯(luójí:logic)，這樣才能說服讀者。議論文一般包括以下幾部份：

1. 論點(lùndiǎn: argument)：也就是作者對所論述的問題提出的主張和看法，是文章的主題。它應該明確表示作者肯定什麼，否定什麼，贊成什麼，反對什麼。一般來說，中心論點常常出現在文章中的第一部份，這樣開門見山，較容易抓住讀者的注意力。

2. 論據(lùnjù: grounds of argument)：提出了文章論點後，就要進一步提出理由，說明爲什麼自己的觀點是正確的。做到這一點，作者可使用各種證據，如：事實、數據、調查結果、歷史經驗、名家理論等等，來支持中心論點。在選擇證據時，一定要注意準確性及眞實性。此外，還應該注意論據是否與論點相統一。

3. 論證(lùnzhèng: proof, demonstration)：作者用論據來證明論點的過程就是論證。在論證過程當中要注意恰當地安排論點和論據，注意材料和觀點的一致性，要有嚴密的邏輯。

4. 結論(jiélùn: conclusion)：議論文的最後一部份叫做結論，是對全文的總結。結論要與論點相統一。有什麼樣的主張，就要有什麼樣的結論。在此，作者可再一次提出主張和觀點，與開頭相呼應。

● 請根據《立志做大事》一文，回答下面的問題：

1. 本文的中心論點是什麼？

2. 作者在本文中使用了哪些論據來證明所提出的論點？

【寫作參考資料】

- ## 議論文的寫作：

议论文(yìlùnwén: expository essay)一般用来表达自己对事物的看法、观点或意见。在表达自己的看法时，要讲出道理，说出事实，有清晰的结构和逻辑(luójí:logic)，这样才能说服读者。议论文一般包括以下几部分：

1. 论点(lùndiǎn: argument)：也就是作者对所论述的问题提出的主张和看法，是文章的主题。它应该明确表示作者肯定什么，否定什么，赞成什么，反对什么。一般来说，中心论点常常出现在文章中的第一部分，这样开门见山，较容易抓住读者的注意力。

2. 论据(lùnjù: grounds of argument)：提出了文章论点后，就要进一步提出理由，说明为什么自己的观点是正确的。做到这一点，作者可使用各种证据，如：事实、数据、调查结果、历史经验、名家理论等等，来支持中心论点。在选择证据时，一定要注意准确性及真实性。此外，还应该注意论据是否与论点相统一。

3. 论证(lùnzhèng: proof, demonstration)：作者用论据来证明论点的过程就是论证。在论证过程当中要注意恰当地安排论点和论据，注意材料和观点的一致性，要有严密的逻辑。

4. 结论(jiélùn:conclusion)：议论文的最后一部分叫做结论，是对全文的总结。结论要与论点相统一。有什么样的主张，就要有什么样的结论。在此，作者可再一次提出主张和观点，与开头相呼应。

- 请根据《立志做大事》一文，回答下面的问题：
1. 本文的中心论点是什么？
2. 作者在本文中使用了哪些论据来证明所提出的论点？

第五課

匆匆

朱自清

　　燕子去了，有再來的時候；楊柳 枯了，有再青的時候；桃花謝了，有再開的時候。但是，聰明的，你告訴我，我們的日子為什麼一去不復返呢？——是有人偷了他們罷；那是誰？又藏在何處呢？是他們自己逃走了罷；現在又到了哪裏呢？

　　我不知道他們給了我多少日子；但我的手確乎是漸漸空虛了。在默默裏算著，八千多日子已經從我手中溜去；像針尖上一滴水滴在大海裏，我的日子滴在時間的流水裏，沒有聲音，也沒有影子。我不禁 汗涔涔而淚潸潸了。

　　去的儘管去了，來的儘管來著；去來的中間，又怎樣地匆匆呢？早上我起來的時候，小屋裏射進兩三方斜斜的太陽。太陽他有腳啊，輕輕悄悄地挪移了；我也茫茫然跟著旋轉。於是——洗手的時候，日子從盆裏過去；吃飯的時候，日子從飯碗裏過去；默默時，便從凝然的雙眼前過去。我覺察他去得匆匆了，伸出手 遮挽著，他又從遮挽著的手邊過去。天黑時，我躺在床上，他便伶伶俐俐地從我身上跨過，從我腳邊飛去了。等我睜開眼和太陽再見，這算又溜走了一日。我掩著面 嘆息。但是新來的日子的影兒又開始在嘆息裏閃過了。

　　在逃去如飛的日子裏，在千門萬戶的世界裏的我能做些什麼呢？祇有徘徊罷了，祇有匆匆罷了；在八千多日的匆匆裏，除徘徊外，又剩些什麼呢？過去的日子如輕煙，被微風吹散了，如薄霧，被初陽 蒸融了，我留下些什麼痕跡呢？我何曾留下像游絲一樣的痕跡呢？我赤裸裸地來到這世界，轉眼間也將赤裸裸地回去罷？但不能平的，為什麼偏 白白走這一遭啊？

　　你聰明的，告訴我，我們的日子為什麼一去不復返呢？

第五课

匆匆
朱自清

燕子去了，有再来的时候；杨柳枯了，有再青的时候；桃花谢了，有再开的时候。但是，聪明的，你告诉我，我们的日子为什么一去不复返呢？——是有人偷了他们罢：那是谁？又藏在何处呢？是他们自己逃走了罢；现在又到了哪里呢？

我不知道他们给了我多少日子；但我的手确乎是渐渐空虚了。在默默里算着，八千多日子已经从我手中溜去；像针尖上一滴水滴在大海里，我的日子滴在时间的流水里，没有声音，也没有影子。我不禁汗涔涔而泪潸潸了。

去的尽管去了，来的尽管来着；去来的中间，又怎样地匆匆呢？早上我起来的时候，小屋里射进两三方斜斜的太阳。太阳他有脚啊，轻轻悄悄地挪移了；我也茫茫然跟着旋转。于是——洗手的时候，日子从盆里过去；吃饭的时候，日子从饭碗里过去；默默时，便从凝然的双眼前过去。我觉察他去得匆匆了，伸出手遮挽着，他又从遮挽着的手边过去。天黑时，我躺在床上，他便伶伶俐俐地从我身上跨过，从我脚边飞去了。等我睁开眼和太阳再见，这算又溜走了一日。我掩着面叹息。但是新来的日子的影儿又开始在叹息里闪过了。

在逃去如飞的日子里，在千门万户的世界里的我能做些什么呢？只有徘徊罢了，只有匆匆罢了；在八千多日的匆匆里，除徘徊外，又剩些什么呢？过去的日子如轻烟，被微风吹散了，如薄雾，被初阳蒸融了，我留下些什么痕迹呢？我何曾留下像游丝一样的痕迹呢？我赤裸裸地来到这世界，转眼间也将赤裸裸地回去罢？但不能平的，为什么偏白白走这一遭啊？

你聪明的，告诉我，我们的日子为什么一去不复返呢？

【生詞表】

1.	匆匆	匆匆	cōngcōng	hurriedly, in a rush
2.	燕子	燕子	yànzi	swallow
3.	楊柳	杨柳	yángliǔ	willow
4.	枯	枯	kū	(of a plant, etc.) withered
5.	謝	谢	xiè	to wither
6.	一去不復返	一去不复返	yíqù bú fùfǎn	gone never to return
7.	逃走	逃走	táozǒu	to escape
8.	確乎	确乎	quèhū	的確/的确
9.	空虛	空虚	kōngxū	hollow, void
10.	默默	默默	mòmò	silence, silently
11.	溜去	溜去	liūqù	to sneak away, to slip out
12.	針尖	针尖	zhēnjiān	the tip of the needle
13.	滴	滴	dī	a drop of (water), to drip
14.	不禁	不禁	bújìn	cannot help (doing sth.)
15.	汗涔涔	汗涔涔	hàncéncén	sweaty
16.	淚潸潸	泪潸潸	lèishānshān	tearful
17.	儘管	尽管	jǐnguǎn	not hesitate to, feel free to
18.	射	射	shè	to shoot
19.	斜(斜)	斜(斜)	xié(xié)	slanted, oblique
20.	輕輕悄悄	轻轻悄悄	qīngqīngqiāoqiāo	lightly and quietly
21.	挪移	挪移	nuóyí	to move slowly, to shift
22.	茫茫然	茫茫然	mángmángrán	absently, blankly
23.	旋轉	旋转	xuánzhuǎn	to spin
24.	盆	盆	pén	basin
25.	凝然	凝然	níngrán	gazing fixedly
26.	覺察	觉察	juéchá	to be conscious of, to perceive
27.	伸(出)手	伸(出)手	shēn(chū)shǒu	to stretch out one's hand
28.	遮挽	遮挽	zhēwǎn	to block, to obstruct
29.	伶伶俐俐	伶伶俐俐	línglínglìlì	agilely, quickly
30.	跨過	跨过	kuàguò	to leap over
31.	掩(著)面	掩(著)面	yǎn(zhe)miàn	to cover the face, to hide the face

32.	嘆息	叹息	tànxī	to sigh
33.	閃過	闪过	shǎnguò	to flash through
34.	徘徊	徘徊	páihuái	to pace up and down, to hesitate
35.	剩	剩	shèng	to be left over, to remain
36.	薄霧	薄雾	báowù	mist, haze
37.	初陽	初阳	chūyáng	初昇的太陽/初升的太阳
38.	蒸融	蒸融	zhēngróng	to evaporate
39.	痕跡	痕迹	hénjì	mark, trace
40.	游絲	游丝	yóusī	spider web fluttering in the air
41.	赤裸裸	赤裸裸	chìluǒluǒ	naked
42.	轉眼間	转眼间	zhuányǎnjiān	in the twinkling of an eye
43.	偏	偏	piān	contrary to expectations, deliberately
44.	白白	白白	báibái	to no purpose, for nothing, in vain

【重點句型與詞彙】

1. 我<u>不禁</u>汗涔涔而淚潸潸了。

　　不禁：cannot help (doing sth.), can't refrain from
　　• 听完我的話，張燕的臉不禁紅了。
　　• 望著天上的滿月，不禁讓人思念起故鄉來。

2. 去的<u>儘管</u>去了，來的儘管來著。

　　儘管：feel free to, not hesitate to
　　• 這些都是我的，你儘管用吧！
　　• 這孩子要是不聽話，請您儘管罰他。

3. 在<u>千</u>門<u>萬</u>户的世界裏的我能做些什麼呢？

　　千…萬…：thousands of…and tens of thousands of…(indicates a tremendous number or variety of sth.)
　　• 千家萬户、千變萬化、千差萬別、千山萬水、千軍萬馬

4. 祇有匆匆徘徊<u>罷了</u>，祇有匆匆罷了。

　　…罷了：that's all (used at the end of a sentence or clause)
　　• 他不過想嚐嚐罷了，並沒有打算把它吃完。
　　• 其實我只認得出兩種蝴蝶罷了，沒有你想像得那麼多。

5. 我赤裸裸地來到這個世界，<u>轉眼間</u>也將赤裸裸地回去罷？

　　轉眼間：in the twinkling of an eye, in a flash
　　• 成千成百的蜜蜂轉眼間都不見了。
　　• 轉眼間，冬天就要過去了，春天就要來了。

6. 但不能平的，爲什麼<u>偏</u>白白走這一遭啊？

　　偏/偏偏：contrary to expectations, deliberately
　　• 老天偏偏在我們玩得正高興時下起雨來了。
　　• 她這人眞是的！不要她走那條路，她偏要走。

【重点句型与词汇】

1. 我<u>不禁</u>汗涔涔而泪潸潸了。

   不禁： cannot help (doing sth.), can't refrain from
   - 听完我的话，张燕的脸不禁红了。
   - 望着天上的满月，不禁让人思念起故乡来。

2. 去的<u>尽管</u>去了，来的尽管来着。

   尽管： feel free to, not hesitate to
   - 这些都是我的，你尽管用吧！
   - 这孩子要是不听话，请您尽管罚他。

3. 在<u>千门万户</u>的世界里的我能做些什么呢？

   千…万…： thousands of…and tens of thousands of…(indicates a tremendous number or variety of sth.)
   - 千家万户、千变万化、千差万别、千山万水、千军万马

4. 只有匆匆徘徊<u>罢了</u>，只有匆匆罢了。

   …罢了： that's all (used at the end of a sentence or clause)
   - 他不过想尝尝罢了，并没有打算把它吃完。
   - 其实我只认得出两种蝴蝶罢了，没有你想像得那么多。

5. 我赤裸裸地来到这个世界，<u>转眼间</u>也将赤裸裸地回去罢？

   转眼间： in the twinkling of an eye, in a flash
   - 成千成百的蜜蜂转眼间都不见了。
   - 转眼间，冬天就要过去了，春天就要来了。

6. 但不能平的，为什么<u>偏</u>白白走这一遭啊？

   偏/偏偏： contrary to expectations, deliberately
   - 老天偏偏在我们玩得正高兴时下起雨来了。
   - 她这人真是的！不要她走那条路，她偏要走。

【練習】

一、課堂討論題：

1. 請同學們上網查出作者朱自清的生平、主要作品及本文的寫作背景，並介紹給大家。

2. 你覺得這篇文章的題目合適嗎？為什麼？你能想出一個更合適的題目嗎？

3. 本文所描寫的是一個什麼樣的抽象(chōuxiàng: abstract)事物？

4. 作者是如何將這一抽象事物變成具體而且生動的呢？

5. 文章中的"你"、"我"、"他"、"他們"分別指的是誰？

6. 我們的日子為什麼一去不復返了呢？"去的儘管去了，來的儘管來著"有什麼意思？

7. 本文在語言使用上有何特色？請舉例說明。

8. 文章中的作者有多大年紀？你是怎麼推算出來的？

9. 作者在文中使用了大量的問句，並且用問句結束文章，這樣做的好處是什麼？

10. 本文作者希望通過這篇文章提醒我們要怎樣做？看過課文後你有什麼感受呢？

11. 作者為何選擇使用"薄霧、輕煙"來形容所描寫的對象，而不用"海浪、雷電"一類的詞呢？

二、看一看，想一想：

你通過什麼來掌握時間？在《匆匆》一文中作者"看到"時間是怎樣從自己身邊溜走的？你在實際生活中還從哪里看到過時間？

作者生活中"看到"的時間	我們實際生活中"看到"的時間
例：花開花謝的時候	
1.	1.
2.	2.
3.	3.
4.	4.
5.	5.

三、選詞填空：

匆匆、漸漸、默默、悄悄、白白、赤裸裸、輕輕

1. 我忽然感覺到一隻手在我後背上＿＿＿＿地拍了一下。

2. 天＿＿＿＿地黑下來了。

3. 小明在父母沒注意的情況下＿＿＿＿地從後門溜走了。

4. 昨天我到城裏的那家大商店去了，結果沒開門，＿＿＿＿地走了一趟。

【练习】

一、课堂讨论题：

1. 请同学们上网查出作者朱自清的生平、主要作品及本文的写作背景，并介绍给大家。

2. 你觉得这篇文章的题目合适吗？为什么？你能想出一个更合适的题目吗？

3. 本文所描写的是一个什么样的抽象(chōuxiàng: abstract)事物？

4. 作者是如何将这一抽象事物变成具体而且生动的呢？

5. 文章中的"你"、"我"、"他"、"他们"分别指的是谁？

6. 我们的日子为什么一去不复返了呢？"去的尽管去了，来的尽管来着"有什么意思？

7. 本文在语言使用上有何特色？请举例说明。

8. 文章中的作者有多大年纪？你是怎么推算出来的？

9. 作者在文中使用了大量的问句，并且用问句结束文章，这样做的好处是什么？

10. 本文作者希望通过这篇文章提醒我们要怎样做？看过课文后你有什么感受呢？

11. 作者为何选择使用"薄雾、轻烟"来形容所描写的对象，而不用"海浪、雷电"一类的词呢？

二、看一看，想一想：

你通过什么来掌握时间？在《匆匆》一文中作者"看到"时间是怎样从自己身边溜走的？你在实际生活中还从哪里看到过时间？

作者生活中"看到"的时间	我们实际生活中"看到"的时间
例：花开花谢的时候	
1.	1.
2.	2.
3.	3.
4.	4.
5.	5.

三、选词填空：

匆匆、渐渐、默默、悄悄、白白、赤裸裸、轻轻

1. 我忽然感觉到一只手在我后背上＿＿＿＿＿地拍了一下。

2. 天＿＿＿＿＿地黑下来了。

3. 小明在父母没注意的情况下＿＿＿＿＿＿地从后门溜走了。

4. 昨天我到城里的那家大商店去了，结果没开门，＿＿＿＿＿地走了一趟。

5. 天忽然下起雨來，路上的行人都_____地往家裏趕。

6. 她_____地看了我一眼，一句話沒說就走了。

7. 三歲的小胖_____地從洗澡的盆子裏爬出來，媽媽趕緊給他披上衣服。

四、請改正下列句子中的錯別字：

1. 楊柳古了，有再青的時候。

2. 我們的日子為什麼一去不腹反呢？

3. 是他們自己桃走了罷。

4. 我的日子嘀在時間的流水裏，沒有聲音，也沒有影子。

5. 他便伶伶利利地從我身上垮過，從我腳邊飛去了。

6. 等我爭開眼和太陽再見，這算又榴走了一日。

7. 我赤果果地來到這世界，轉眼間也將赤果果地回去罷？

8. 但是新來的日子的影兒又開始在攤息裏閃過了。

9. 過去的日子如輕煙，被微風次散了。

10. 我也忙忙然跟著旋傳。

五、在 __ 裏填上適當的詞語：

如：成熟的(孩子)

鮮紅的_____ 、 幸福的_____ 、 精明的_____ 、 微小的_____

如：不安地(走動)

輕薄地_____ 、 悄悄地_____ 、 嚴厲地_____ 、 徹底地_____

如：高興得(跳起來)

得意得_____ 、 傷心得_____ 、 焦急得_____ 、聰明得_____

六、作文：

　　✍ 請將本文翻譯成英文

　　　　要求：

　　　　　• 儘量保持原文的風格(fēnggé: style)

5. 天忽然下起雨来，路上的行人都_____地往家里赶。

6. 她_____地看了我一眼，一句话没说就走了。

7. 三岁的小胖_____地从洗澡的盆子里爬出来，妈妈赶紧给他披上衣服。

四、请改正下列句子中的错别字：

1. 杨柳古了，有再青的时候。

2. 我们的日子为什么一去不腹反呢？

3. 是他们自己桃走了罢。

4. 我的日子嘀在时间的流水里，没有声音，也没有影子。

5. 他便伶伶利利地从我身上垮过，从我脚边飞去了。

6. 等我争开眼和太阳再见，这算又榴走了一日。

7. 我赤果果地来到这世界，转眼间也将赤果果地回去罢？

8. 但是新来的日子的影儿又开始在摊息里闪过了。

9. 过去的日子如轻烟，被微风次散了。

10. 我也忙忙然跟着旋传。

五、在 __ 里填上适当的词语：

如：成熟的(孩子)

鲜红的_____、 幸福的_____、 精明的_____、 微小的_____

如：不安地(走动)

轻薄地_____、 悄悄地_____、 严厉地_____、 彻底地_____

如：高兴得(跳起来)

得意得_____、 伤心得_____、 焦急得_____、 聪明得_____

六、作文：

✍ 请将本文翻译成英文

要求：

• 尽量保持原文的风格(fēnggé: style)

【寫作參考資料】

• 疊音(diéyīn: reduplication)：

就是同一個音節重疊。使用疊音描寫人與事物，不僅能產生形像美，而且能產生音樂上的美感。

例如：

1. 疊音名詞：提起此人，<u>人人</u>皆曉，<u>處處</u>聞名。

2. 疊音動詞：a) 我不禁<u>汗涔涔</u>而<u>淚潸潸</u>了。

　　　　　　　b) 他於是<u>拍拍</u>衣上的泥土，站起身來。

3. 疊音形容詞：<u>曲曲折折</u>的荷塘上面，彌望到的是<u>田田</u>的葉子。(朱自清《荷塘月色》)

4. 疊音副詞：a) 花下成千成百的蜜蜂<u>嗡嗡</u>地鬧著。

　　　　　　　b) 他只是<u>笑嘻嘻</u>地賠小心。

　　　　　　　c) 太陽他有腳啊，<u>輕輕悄悄</u>地挪移了。

• 請將下列詞語改成疊音詞並造句：

1. 家：

2. 高大：

3. 搖：

4. 急忙：

5. 常：

6. 迷糊：

7. 偏：

8. 清楚：

【写作参考资料】

• 叠音(diéyīn: reduplication)：

就是同一个音节重叠。使用叠音描写人与事物，不仅能产生形像美，而且能产生音乐上的美感。

例如：

1. 叠音名词：提起此人，<u>人人</u>皆晓，<u>处处</u>闻名。

2. 叠音动词：a) 我不禁<u>汗涔涔</u>而<u>泪潸潸</u>了。

          b) 他于是<u>拍拍</u>衣上的泥土，站起身来。

3. 叠音形容词：<u>曲曲折折</u>的荷塘上面，弥望到的是<u>田田</u>的叶子。(朱自清《荷塘月色》)

4. 叠音副词：a) 花下成千成百的蜜蜂<u>嗡嗡</u>地闹着。

          b) 他只是<u>笑嘻嘻</u>地赔小心。

          c) 太阳他有脚啊，<u>轻轻悄悄</u>地挪移了。

• 请将下列词语改成叠音词并造句：

1. 家：

2. 高大：

3. 摇：

4. 急忙：

5. 常：

6. 迷糊：

7. 偏：

8. 清楚：

第六課

春
朱自清

　　盼望著，盼望著，東風來了，春天的腳步近了。

　　一切都像剛醒的樣子，欣欣然張開了眼。山朗潤起來了。水漲起來了，太陽臉紅起來了。

　　小草偷偷地從土裏鑽出來，嫩嫩的，綠綠的，園子裏，田野，瞧去，一大片一大片滿是的。坐著，躺著，打兩個滾，踢幾腳球，賽幾趟跑，捉幾回迷藏。風輕悄悄的，草綿軟軟的。

　　桃樹、杏樹、梨樹，你不讓我，我不讓你，都開了花趕趟似的，紅的像火，粉的像霞，白的像雪。花裏帶著甜味；閉上眼，樹上仿佛已經滿是桃兒、杏兒、梨兒！花下成千成百的蜜蜂嗡嗡地鬧著，大小的蝴蝶飛來飛去。野花遍地是：雜樣兒，有名字的，沒名字的，散在草叢裏像眼睛、像星星，還眨呀眨的。

　　“吹面不寒楊柳風”，不錯的，像母親的手摸撫著你。風裏帶來些新鮮的泥土的氣息，混著青草，還有各種花的香，都在微潤濕的空氣裏醞釀。鳥兒將窠巢安在繁花嫩葉當中，高興起來了，呼朋引伴地賣弄清脆的喉嚨，唱出婉轉的曲子，與清風流水相和著。牛背上牧童的短笛，這時候也成天地嘹亮地響。

　　雨是最尋常的，一下就是三兩天，可別惱！看，像牛毛，像花針，像細絲，密密地斜織著，人家屋頂上全籠罩著一層薄煙。樹葉子卻綠得發亮，小草也青得逼你的眼。傍晚時候，上燈了，一點點暈的光，烘托出一片安靜而和平的夜。鄉村裏，小路上，石橋邊，撐起傘慢慢走著的人，還有地裏工作的農夫，披著蓑戴著笠的。他們的草屋稀稀疏疏地在雨裏靜默著。

第六课

春
朱自清

盼望着，盼望着，东风来了，春天的脚步近了。

一切都像刚醒的样子，欣欣然张开了眼。山朗润起来了。水涨起来了，太阳脸红起来了。

小草偷偷地从土里钻出来，嫩嫩的，绿绿的，园子里，田野，瞧去，一大片一大片满是的。坐着，躺着，打两个滚，踢几脚球，赛几趟跑，捉几回迷藏。风轻悄悄的，草绵软软的。

桃树、杏树、梨树，你不让我，我不让你，都开了花赶趟似的，红的像火，粉的像霞，白的像雪。花里带着甜味；闭上眼，树上仿佛已经满是桃儿、杏儿、梨儿！花下成千成百的蜜蜂嗡嗡地闹着，大小的蝴蝶飞来飞去。野花遍地是：杂样儿，有名字的，没名字的，散在草丛里像眼睛、像星星，还眨呀眨的。

"吹面不寒杨柳风"，不错的，像母亲的手摸抚着你。风里带来些新鲜的泥土的气息，混着青草，还有各种花的香，都在微润湿的空气里酝酿。鸟儿将窠巢安在繁花嫩叶当中，高兴起来了，呼朋引伴地卖弄清脆的喉咙，唱出婉转的曲子，与清风流水相和着。牛背上牧童的短笛，这时候也成天地嘹亮地响。

雨是最寻常的，一下就是三两天，可别恼！看，像牛毛，像花针，像细丝，密密地斜织着，人家屋顶上全笼罩着一层薄烟。树叶子却绿得发亮，小草也青得逼你的眼。傍晚时候，上灯了，一点点晕的光，烘托出一片安静而和平的夜。乡村里，小路上，石桥边，撑起伞慢慢走着的人，还有地里工作的农夫，披着蓑戴着笠的。他们的草屋稀稀疏疏地在雨里静默着。

　　天上<u>風箏</u>漸漸多了，地上孩子也多了。城裏鄉下，家家戶戶，老老少少，他們也趕趟兒似的，一個個都出來了；<u>舒活舒活筋骨</u>，<u>抖擻</u>抖擻精神，各做各的一份兒事去。"<u>一年之計在於春</u>"；剛起頭兒，有的是工夫，有的是希望。

　　春天像剛落地的娃娃，從頭到腳都是新的，它生長著。

　　春天像小姑娘，<u>花枝招展</u>著，笑著，進著。

　　春天像<u>健壯</u>的青年，有鐵一般的<u>胳膊</u>和腰腳，他<u>領</u>著我們上前去。

　　天上风筝渐渐多了，地上孩子也多了。城里乡下，家家户户，老老少少，他们也赶趟儿似的，一个个都出来了；舒活舒活筋骨，抖擞抖擞精神，各做各的一份儿事去。"一年之计在于春"；刚起头儿，有的是工夫，有的是希望。

　　春天像刚落地的娃娃，从头到脚都是新的，它生长着。

　　春天像小姑娘，花枝招展着，笑着，走着。

　　春天像健壮的青年，有铁一般的胳膊和腰脚，他领着我们上前去。

【生詞表】

1. 盼望	盼望	pànwàng	to long for, to look forward to
2. 欣欣然	欣欣然	xīnxīnrán	joyfully
3. 朗潤	朗润	lǎngrùn	bright and moist
4. 鑽	钻	zuān	to break through, to make one's way to
5. 田野	田野	tiányě	field, open country
6. 瞧	瞧	qiáo	to look
7. 打…滾	打…滚	dǎ…gǔn	to roll about, to wallow
8. 賽…跑	赛…跑	sài…pǎo	to race
9. 捉…迷藏	捉…迷藏	zhuō…mícáng	to play hide and seek
10. 綿軟軟	绵软软	miánruǎnruǎn	soft
11. 杏樹	杏树	xìngshù	apricot tree
12. 讓	让	ràng	to give way, to yield
13. 趕趟	赶趟	gǎntàng	to be in time for
14. 霞	霞	xiá	red cloud during sunrise or sunset
15. 仿佛	仿佛	fǎngfú	to seem, as if
16. 蜜蜂	蜜蜂	mìfēng	bee
17. 嗡嗡	嗡嗡	wēngwēng	buzz, hum
18. 蝴蝶	蝴蝶	húdié	butterfly
19. 野花	野花	yěhuā	wild flower
20. 雜	杂	zá	mixed
21. 散	散	sǎn	scattered
22. 草叢	草丛	cǎocóng	a thick growth of grass
23. 眨	眨	zhǎ	to blink
24. 吹面不寒楊柳風 吹面不寒杨柳风			a breeze gently blowing against your face
chuīmiàn bùhán yángliǔfēng			（出自南宋志南和尚《絕句》）
25. 摸撫	摸抚	mōfǔ	to touch gently, to stroke
26. 氣息	气息	qìxī	breath
27. 混著	混着	hùnzhe	mixed with
28. 微	微	wēi	slightly
29. 潤濕	润湿	rùnshī	wet, moist
30. 醞釀	酝酿	yùnniàng	to brew, to ferment

31.	窠巢	窠巢	kēcháo	nest
32.	繁花嫩葉	繁花嫩叶	fánhuā nènyè	lots of flowers and fresh leaves
33.	呼朋引伴	呼朋引伴	hūpéngyǐnbàn	calling friends
34.	賣弄	卖弄	màinòng	to show off
35.	清脆	清脆	qīngcuì	crisp (often describes sound)
36.	喉嚨	喉咙	hóulóng	throat
37.	婉轉	婉转	wánzhuǎn	soft and lingering (often describes music or sound)
38.	牧童	牧童	mùtóng	child who herds cows
39.	笛	笛	dí	flute
40.	嘹亮	嘹亮	liáoliàng	resonant, loud and clear
41.	惱	恼	nǎo	mad, angry
42.	花針	花针	huāzhēn	embroidery needle (or 繡花針/绣花针)
43.	密密	密密	mìmì	densely
44.	織	织	zhī	to weave
45.	籠罩	笼罩	lǒngzhào	to envelop, to shroud
46.	逼…眼	逼…眼	bī…yǎn	dazzling
47.	暈	晕	yùn	halo
48.	烘托	烘托	hōngtuō	to set off by contrast
49.	蓑、笠	蓑、笠	suō, lì	rain coat and hat made from tree bark or leaves
50.	稀稀疏疏	稀稀疏疏	xīxīshūshū	few and scattered
51.	風箏	风筝	fēngzheng	kite
52.	舒活筋骨	舒活筋骨	shūhuójīngǔ	to stretch out bones and muscles
53.	抖擻	抖擞	dǒusǒu	to enliven, to rouse
54.	一年之計在於春	一年之计在於春	yìnián zhī jì zài yú chūn	the whole year's work depends on a good start in spring
55.	花枝招展	花枝招展	huāzhīzhāozhǎn	to doll up, to show off
56.	健壯	健壮	jiànzhuàng	healthy and strong, robust
57.	胳膊	胳膊	gēbo	arms
58.	領	领	lǐng	to lead

【重點句型與詞彙】

1. 盼望<u>著</u>，盼望著，東風來了。

　　~ **著**：(a suffix attached to verbs to show that an action is prolonged or ongoing)

- 他們正說著話呢。
- 真奇怪！她屋子燈亮著，裏面卻沒有人。

2. 山朗潤<u>起來</u>了。

　　verb/adj. + **起來**, or verb + **起** + noun + **來**：start to…

- 太陽出來了，天空晴朗起來了。
- 同學們都大聲地唱起歌來。

3. 桃樹、杏樹、梨樹…都開了花趕趟<u>似的</u>。

　　noun/verb/pronoun + **似的**：like, similar to, as if

- 老人高興得跟孩子似的。
- 那一群牛仿佛睡著了似的，都臥在大樹下，一動也不動。

4. 鳥兒將窠巢安在繁花嫩葉<u>當中</u>。

　　在…當中：among, in the middle of, in the center

- 坐在人群當中的那個就是亮亮。
- 您放心，在我的學生當中，沒有人做得出這樣的事。

5. 抖擻抖擻精神，<u>各</u>做<u>各的</u>一份兒事去。

　　各 + verb + **各的**…：each…his/her own …

- 今天沒時間見面了，就各寫各的吧。
- 從今天起，我們各走各的路。

6. 春天像健壯的青年，有鐵<u>一般</u>的胳膊和腰腳。

　　…**一般**：just like

- 小汽車在公路上飛一般向前開著。
- 她眨著星星一般明亮的眼睛，深情地看著他。

【重点句型与词汇】

1. 盼望<u>着</u>，盼望着，东风来了。

   ~着：(a suffix attached to verbs to show that an action is prolonged or ongoing)
   - 他们正说着话呢。
   - 真奇怪！她屋子灯亮着，里面却没有人。

2. 山朗润<u>起来</u>了。

   verb/adj. + **起来**, or verb + **起** + noun + **来**：start to...
   - 太阳出来了，天空晴朗起来了。
   - 同学们都大声地唱起歌来。

3. 桃树、杏树、梨树...都开了花赶趟<u>似的</u>。

   noun/verb/pronoun + **似的**：like, similar to, as if
   - 老人高兴得跟孩子似的。
   - 那一群牛仿佛睡着了似的，都卧在大树下，一动也不动。

4. 鸟儿将窠巢安在繁花嫩叶<u>当中</u>。

   在...**当中**：among, in the middle of, in the center
   - 坐在人群当中的那个就是亮亮。
   - 您放心，在我的学生当中，没有人做得出这样的事。

5. 抖擞抖擞精神，**各**做**各的**一份儿事去。

   各 + verb + **各的**...：each...his/her own ...
   - 今天没时间见面了，就各写各的吧。
   - 从今天起，我们各走各的路。

6. 春天像健壮的青年，有铁<u>一般</u>的胳膊和腰脚。

   ...**一般**：just like
   - 小汽车在公路上飞一般向前开着。
   - 她眨着星星一般明亮的眼睛，深情地看着他。

【練習】

一、課堂討論題：

1. 作者以什麼樣的心情等待春天的到來？

2. 作者描寫了春天裏哪些大自然的景和物？

3. 文中除了描寫春天的自然景物外，還描寫了人們的哪些活動？

4. 文中作者爲什麼要用對花、草、風、雨的描寫來表現春的到來？

5. 在作者的筆下，春天給人帶來了什麼樣的感覺？

6. 作者把春天比作什麼樣的人？他們都有什麼共同的特點？

7. 本文是按照什麼順序来寫的？

8. 文章最後三段每段只有一句話，你覺得這樣寫的好處是什麼？要是把這三段合成一段，效果會一樣嗎？

9. 請用文章中的一句話説出全文的主題。

10. 你最欣賞文中哪些段落？請説出理由。

11. 請自己大聲朗讀全文。注意把作者所表達的感情讀出來。可以配上音樂來讀。

二、 請將左、右兩邊適當的詞語與所形容的景物連接起來：

例：朗潤的--------------------->山

1. 嫩嫩的　　　　　　　　空氣

2. 像牛毛一樣的　　　　　泥土

3. 微潤濕的　　　　　　　夜晚

4. 輕悄悄的　　　　　　　細雨

5. 健壯的　　　　　　　　小草

6. 婉轉的　　　　　　　　微風

7. 清脆的　　　　　　　　笛聲

8. 嘹亮的　　　　　　　　青年

9. 安靜而和平的　　　　　喉嚨

10. 新鮮的　　　　　　　　曲子

三、動詞填空：

領、 籠罩、 披、 打、 捉、 眨、 撑、 鑽、 撫摸、 抖擻

1._____迷藏　2._____精神　3._____眼睛　4._____傘　5.從土裏_____出來

【练习】

一、课堂讨论题：

1. 作者以什么样的心情等待春天的到来？

2. 作者描写了春天里哪些大自然的景和物？

3. 文中除了描写春天的自然景物外，还描写了人们的哪些活动？

4. 文中作者为什么要用对花、草、风、雨的描写来表现春的到来？

5. 在作者的笔下，春天给人带来了什么样的感觉？

6. 作者把春天比作什么样的人？他们都有什么共同的特点？

7. 本文是按照什么顺序来写的？

8. 文章最后三段每段只有一句话，你觉得这样写的好处是什么？要是把这三段合成一段，效果会一样吗？

9. 请用文章中的一句话说出全文的主题。

10. 你最欣赏文中哪些段落？请说出理由。

11. 请自己大声朗读全文。注意把作者所表达的感情读出来。可以配上音乐来读。

二、 请将左、右两边适当的词语与所形容的景物连接起来：

例：朗润的------------------>山

1.	嫩嫩的	空气
2.	像牛毛一样的	泥土
3.	微润湿的	夜晚
4.	轻悄悄的	细雨
5.	健壮的	小草
6.	婉转的	微风
7.	清脆的	笛声
8.	嘹亮的	青年
9.	安静而和平的	喉咙
10.	新鲜的	曲子

三、动词填空：

领、 笼罩、 披、 打、 捉、 眨、 撑、 钻、 抚摸、 抖擞

1._____迷藏　2._____精神　3._____眼睛　4._____伞　5.从土里_____出来

6._____著衣服   7._____滾   8._____著薄煙   9._____臉龐   10._____著我們上前

四、看一看、找一找：

1. 本文描寫了春天景色中的遠景、近景、靜景和動景，請各舉一例。

● 遠景：

● 近景：

● 靜景：

● 動景：

2. 作者通過視覺、聽覺、嗅覺(xiùjué: sense of smell)和觸覺(chùjué: sense of touch)，生動地描寫春天的景、物，請各舉一例。

● 視覺：

● 聽覺：

● 嗅覺：

● 觸覺：

五、選擇題：

1. 朱自清把"春天"比喻成各類人物，下列哪一個是他所沒有使用的？

a) 小姑娘   b) 老人   c) 健壯的青年

2. 樹葉被雨水沖洗過後會：

a) 變黑   b) 綠得發亮   c) 發白

3. "天上風箏 ＿＿ 多了，地上孩子也多了"中的空應該填上：

a) 常常   b) 往往   c) 漸漸

4. "像母親的手摸撫著你"是形容：

a) 輕柔的春風   b) 細雨   c) 楊柳樹

5. "盼望著，盼望著，東風來了，春天的腳步近了"這句話：

i. 哪個詞語明確地告訴我們春天還沒有來到

a) 來了   b) 近了   c) 腳步

6._____着衣服　7._____滚　8._____着薄烟　9._____脸庞　10._____着我们上前

四、看一看、找一找：

1. 本文描写了春天景色中的远景、近景、静景和动景，请各举一例。
- 远景：
- 近景：
- 静景：
- 动景：

2. 作者通过视觉、听觉、嗅觉(xiùjué: sense of smell)和触觉(chùjué: sense of touch)，生动地描写春天的景、物，请各举一例。
- 视觉：
- 听觉：
- 嗅觉：
- 触觉：

五、选择题：

1. 朱自清把"春天"比喻成各类人物，下列哪一个是他所没有使用的?
a) 小姑娘　　　　　b) 老人　　　　　c) 健壮的青年

2. 树叶被雨水冲洗过后会：
a) 变黑　　　　　b) 绿得发亮　　　　　c) 发白

3. "天上风筝 ＿＿ 多了，地上孩子也多了"中的空应该填上：
a) 常常　　　　　b) 往往　　　　　c) 渐渐

4. "像母亲的手摸抚着你"是形容：
a) 轻柔的春风　　　　　b) 细雨　　　　　c) 杨柳树

5. "盼望着，盼望着，东风来了，春天的脚步近了"这句话：
i. 哪个词语明确地告诉我们春天还没有来到
a) 来了　　　　　b) 近了　　　　　c) 脚步

ii.上面這句話給人的感覺是：

a) 人們急切地期盼著春天的到來　　b) 春天讓人感到不安　　　　c) 東風來得太急

6. "春天的腳步近了" 的意思是：

a) 春天馬上就要到來了　　b) 春天好像有腳　　c) 春天裏，人們都愛出來舒活筋骨

7. 文中描寫了春天的各類景物，下列哪一個是他所沒有描寫到的?

a) 花　　　　　　　b) 草　　　　　　　c) 大霧

8. "一年之計在於春" 表示：

a) 春天是最好的季節　　　　b) 春天是一年的開始

c) 全年的工作要在春天做好準備

9. "像牛毛，像花針，像細絲" 是形容：

a) 春雨　　　　　　　b) 春花　　　　　　c) 春風

10. "一點點暈的光，＿＿出一片安靜而和平的夜" 中的空應該填上：

a) 照亮　　　　　　　b) 烘托　　　　　　c) 發放

六、作文：

✎ 我最喜愛的季節

要求：

- 以記敘文體裁來寫
- 抓住該季節的主要特點以及自己內心的感受
- 恰當使用比喻(見本課寫作參考資料)

ii.上面这句话给人的感觉是：

a) 人们急切地期盼着春天的到来　　b) 春天让人感到不安　　　　c) 东风来得太急

6. "春天的脚步近了"的意思是：

a) 春天马上就要到来了 b) 春天好像有脚　c) 春天里，人们都爱出来舒活筋骨

7. 文中描写了春天的各类景物，下列哪一个是他所没有描写到的？

a) 花　　　　　　　　b) 草　　　　　　　　c) 大雾

8. "一年之计在于春"表示：

a) 春天是最好的季节　　　　b) 春天是一年的开始

c) 全年的工作要在春天做好准备

9. "像牛毛，像花针，像细丝"是形容：

a) 春雨　　　　　　　b) 春花　　　　　　c) 春风

10. "一点点晕的光，＿＿出一片安静而和平的夜"中的空应该填上：

a) 照亮　　　　　　　b) 烘托　　　　　　c) 发放

六、作文：

　　🖉 我最喜爱的季节

　　　　要求：

　　　　　　● 以记叙文体裁来写

　　　　　　● 抓住该季节的主要特点以及自己内心的感受

　　　　　　● 恰当使用比喻(见本课写作参考资料)

【寫作參考資料】

• 比喻：

用有相似處的B事物打比方來描寫或說明A事物，這種修飾方法叫比喻(bǐyù: metaphor, simile)。使用比喻，可以使難以理解的事物形像化，也可以使抽象的事物具體化，以此來幫助讀者理解，加深讀者的印象，並使文章語言生動，容易被理解。

例如：葉子出水很高，像亭亭的舞女的裙。
這個例句形象地把荷葉比作"舞女的裙"，突出了荷葉的美感。

• 比喻的构成要素：

比喻中有本體和喻體兩部分。被比喻的事体叫"本體"，如上面例子里的"葉子"；用來打比方的比喻物叫"喻體"，如上句中的"舞女的裙"。

• 比喻的條件：

A)本體和喻體必須是兩种性質不同的事物。如果兩者性質沒有太大差別，這樣的比喻就是多余的，達不到想取得的效果。

B)本體和喻體要有相似之處。用沒有相似點的事物作喻體，這樣的比喻是不恰當的。

• 找出下列例句中的"本體"和"喻體"：

1.　"吹面不寒楊柳風"，不錯的，像母親的手摸撫著你。
2.　她的心情亂得像一團解不開的線團。

• 請就下列主題寫出幾個比喻句：

1.　雲彩

2.　煩惱

3.　童年

4.　太陽

【写作参考资料】

• 比喻：

用有相似处的B事物打比方来描写或说明A事物，这种修饰方法叫比喻(bǐyù: metaphor, simile)。使用比喻，可以使难以理解的事物形象化，也可以使抽象的事物具体化，以此来帮助读者理解，加深读者的印象，并使文章语言生动，容易被理解。

例如：叶子出水很高，像亭亭的舞女的裙。
这个例句形象地把荷叶比作"舞女的裙"，突出了荷叶的美感。

• 比喻的构成要素：

比喻中有本体和喻体两部分。被比喻的事体叫"本体"，如上面例子里的"叶子"；用来打比方的比喻物叫"喻体"，如上句中的"舞女的裙"。

• 比喻的条件：

A)本体和喻体必须是两种性质不同的事物。如果两者性质没有太大差别，这样的比喻就是多余的，达不到想取得的效果。

B)本体和喻体要有相似之处。用没有相似点的事物作喻体，这样的比喻是不恰当的。

• 找出下列例句中的"本体"和"喻体"：

1. "吹面不寒杨柳风"，不错的，像母亲的手摸抚着你。
2. 她的心情乱得像一团解不开的线团。

• 请就下列主题写出几个比喻句：

1. 云彩

2. 烦恼

3. 童年

4. 太阳

第七課

背影
朱自清

我與父親不相見已二年餘了，我最不能忘記的是他的背影。

那年冬天，祖母死了，父親的差使也交卸了，正是禍不單行的日子。喪事完畢，父親要到南京謀事，我也要回北京念書，我們便同行。

到南京時，有朋友約去遊逛，逗留了一日；第二日上午，便須渡江到浦口，下午上車北去。父親因爲事忙，本已說定不送我，叫旅館裏一個熟識的茶房陪我同去。他再三囑咐茶房，甚是仔細。但他終於不放心，怕茶房不妥帖，頗躊躇了一會。其實，我那年已二十歲，北京已來往過兩三次，是沒有什麼要緊的了。他躊躇了一會，終於決定還是自己送我去。我兩三回勸他不必去，他只說："不要緊，他們去不好！"

我們過了江，進了車站，我買票，他忙著照看行李。行李太多了，得向腳夫行些小費才可過去，他便又忙著和他們講價錢。我那時眞是聰明過分，總覺他說話不大漂亮，非自己插嘴不可。但他終於講定了價錢，就送我上車。他給我揀定了靠車門的一張椅子，我將他給我做的紫毛大衣鋪好坐位。他囑我路上小心，夜裏要警醒些，不要受涼；又囑託茶房好好照應我。我心裏暗笑他的迂，他們只認得錢，託他們簡直是白託；而且我這樣大年紀的人，難道還不能料理自己麼？唉！我現在想想，那時眞是太聰明了！

我說道："爸爸，您走吧！"他往車外看了一看，說："我買幾個橘子去，你就在此地不要走動。"我看到那邊月臺的柵欄外有幾個賣東西的等著顧客。走到那邊月臺，須穿過鐵道，須跳下去又爬上去。父親是一個胖子，走過去自

第七课

背 影
朱自清

我与父亲不相见已二年余了，我最不能忘记的是他的背影。

那年冬天，祖母死了，父亲的差使也交卸了，正是祸不单行的日子。丧事完毕，父亲要到南京谋事，我也要回北京念书，我们便同行。

到南京时，有朋友约去游逛，逗留了一日；第二日上午，便须 渡江到浦口，下午上车北去。父亲因为事忙，本已说定不送我，叫旅馆里一个熟识的茶房 陪我同去。他再三 嘱咐茶房，甚是仔细。但他终于不放心，怕茶房不妥帖，颇 踌躇了一会。其实，我那年已二十岁，北京已来往过两三次，是没有什么要紧的了。他踌躇了一会，终于决定还是自己送我去。我两三回劝他不必去，他只说："不要紧，他们去不好！"

我们过了江，进了车站，我买票，他忙着照看 行李。行李太多了，得向脚夫行些小费才可过去，他便又忙着和他们讲价钱。我那时真是聪明过分，总觉他说话不大漂亮，非自己插嘴不可。但他终于讲定了价钱，就送我上车。他给我拣定了靠车门的一张椅子，我将他给我做的紫毛大衣铺好坐位。他嘱我路上小心，夜里要警醒些，不要受凉；又嘱托茶房好好照应我。我心里暗笑他的迂，他们只认得钱，托他们简直是白托；而且我这样大年纪的人，难道还不能料理自己么？唉！我现在想想，那时真是太聪明了！

我说道："爸爸，您走吧！"他往车外看了一看，说："我买几个桔子去，你就在此地不要走动。"我看到那边月台的栅栏外有几个卖东西的等着顾客。走到那边月台，须穿过 铁道，须跳下去又爬上去。父亲是一个胖子，走过去自然要費事些。我本來要去的，他不肯，只好讓他去。我看見他戴著黑布小帽，穿著黑布大馬褂，深青布棉袍，蹣跚地走到鐵道邊，慢慢探身下去，尚不大難。可是他穿過鐵道，要爬上那邊月臺，就不容易了。他用兩手攀著上面，兩腳再向上縮；他肥胖的身子向左微傾，顯出努力的樣子。這時我看見他的背影，我的眼淚很快地流下來了。我趕緊拭乾了淚，怕他看見，也怕別人看見。我再向外看時，他已抱了朱紅的橘子往回走了。過鐵道時，他先將橘子散放在地上，自己慢慢爬下，再抱起橘子走。到這邊時，我趕緊去攙他。他和我走到車上，將橘子一股腦兒放在我的皮大衣上，於是撲撲衣上的泥土，心裏很輕鬆似的。過一會說：「我走了，到那邊來信！」我望著他走出去。他走了幾步，回過頭看見我，說：「進去吧，裏邊沒人！」等他的背影混入來來往往的人叢裏，再找不著了。我便進來坐下，我的眼淚又來了。

　　近幾年來，父親和我都是東奔西走，家中光景，一日不如一日。我北來後，他寫了一封信給我，信中說道：「我身體平安，惟膀子疼痛得厲害，舉箸提筆，諸多不便，大約大去之期不遠矣。」我讀到此處，在晶瑩的淚光中，又看見那肥胖的、青布棉袍、黑布馬褂的背影。唉！我不知何時再能與他相見！

然要费事些。我本来要去的，他不肯，只好让他去。我看见他戴着黑布小帽，穿着黑布大马褂，深青布棉袍，蹒跚地走到铁道边，慢慢探身下去，尚不大难。可是他穿过铁道，要爬上那边月台，就不容易了。他用两手攀着上面，两脚再向上缩；他肥胖的身子向左微倾，显出努力的样子。这时我看见他的背影，我的眼泪很快地流下来了。我赶紧拭干了泪，怕他看见，也怕别人看见。我再向外看时，他已抱了朱红的桔子往回走了。过铁道时，他先将桔子散放在地上，自己慢慢爬下，再抱起桔子走。到这边时，我赶紧去搀他。他和我走到车上，将桔子一股脑儿放在我的皮大衣上，于是扑扑衣上的泥土，心里很轻松似的。过一会说：“我走了，到那边来信！”我望着他走出去。他走了几步，回过头看见我，说：“进去吧，里边没人！”等他的背影混入来来往往的人丛里，再找不着了。我便进来坐下，我的眼泪又来了。

近几年来，父亲和我都是东奔西走，家中光景，一日不如一日。我北来后，他写了一封信给我，信中说道：“我身体平安，惟膀子疼痛得厉害，举箸提笔，诸多不便，大约大去之期不远矣。”我读到此处，在晶莹的泪光中，又看见那肥胖的、青布棉袍、黑布马褂的背影。唉！我不知何时再能与他相见！

【生詞表】

1.	差使	差使	chāishi	official position (old term)
2.	交卸	交卸	jiāoxiè	to lose (a job)
3.	禍不單行	祸不单行	huòbùdānxíng	misfortunes never come only one at a time
4.	喪事	丧事	sāngshì	funeral
5.	遊逛	游逛	yóuguàng	to go sightseeing, to stroll about
6.	逗留	逗留	dòuliú	to stay (for a short period of time), to stop over
7.	須	须	xū	must
8.	渡江	渡江	dùjiāng	to cross a river
9.	熟識	熟识	shúshí	well-acquainted, to know someone well
10.	茶房	茶房	cháfang	tea waiter (an old term)
11.	再三	再三	zàisān	repeatedly, over and over again
12.	囑咐	嘱咐	zhǔfù	to tell, to exhort
13.	妥帖	妥帖	tuǒtiē	careful, properly
14.	頗	颇	pō	quite, considerably (書面語)
15.	躊躇	踌躇	chóuchú	to hesitate
16.	照看	照看	zhàokàn	to take care of, to keep an eye on
17.	行李	行李	xíngli	luggage
18.	腳夫	脚夫	jiǎofū	porter (old term)
19.	小費	小费	xiǎofèi	tip
20.	插嘴	插嘴	chāzuǐ	to get a word in
21.	揀定	拣定	jiǎndìng	to select
22.	鋪	铺	pū	to spread, to unfold
23.	警醒	警醒	jǐngxǐng	vigilant
24.	囑託	嘱托	zhǔtuō	to ask a favor of sb.
25.	迂	迂	yū	stubborn adherence to worn-out rules and ideas (or 迂腐)
26.	簡直	简直	jiǎnzhí	simply, at all
27.	料理	料理	liàolǐ	to take care of, to manage
28.	月臺	月台	yuètái	the station platform
29.	柵欄	栅栏	zhàlán	fence
30.	穿過	穿过	chuāngguò	to cross, to pass through
31.	鐵道	铁道	tiědào	railroad tracks
32.	費事	费事	fèishì	to go to a lot of trouble
33.	馬褂	马褂	mǎguà	traditional Chinese men's jacket

34. 棉袍	棉袍	miánpáo	cotton padded long gown
35. 蹒跚	蹒跚	pánshān	to stagger, to walk haltingly
36. 探身	探身	tànshēn	to stretch forward, to bend forward
37. 攀	攀	pān	to climb, to clamber
38. 傾	倾	qīng	to lean
39. 拭	拭	shì	to wipe
40. 攙	搀	chān	to support someone with one's hand
41. 一股腦兒	一股脑儿	yìgǔnǎo'er	completely
42. 撲撲	扑扑	pūpū	to pat
43. 輕鬆	轻松	qīngsōng	relaxed
44. 光景	光景	guāngjǐng	circumstance, condition
45. 惟	惟	wéi	only
46. 箸	箸	zhù	筷子(方言)
47. 諸多	诸多	zhūduō	a good deal, a lot of (書面語)
48. 大約	大约	dàyuē	probably
49. 晶瑩	晶莹	jīngyíng	sparkling

【重點句型與詞彙】

1. 他<u>再三</u>囑咐茶房，甚是仔細。

   再三：repeatedly, over and over again
   - 孫文在《立志做大事》一文中再三強調，要做大事，不要做大官。
   - 經過大家再三研究決定，從明年起，將由楊老師擔任我們的校長。

2. 但他終於不放心，怕茶房不妥帖，<u>頗</u>躊躇了一會。

   頗：quite, considerably
   - 他頗得意地在人們面前賣弄著自己的小聰明。
   - 許霞默默地站在柳樹下，盼望著父親的出現，心情頗為緊張。

3. 我那時真是聰明過分…<u>非</u>自己插嘴<u>不可</u>。

   非…不可/不行：must, have to, cannot but
   - 這件事與你有關，你非去不可。
   - 這個問題今天非解決不可。要不然，她們不會原諒我們的。

4. 他們只認得錢，託他們<u>簡直</u>是白託。

   簡直：simply
   - 那婉轉的曲子，嘹亮的歌喉簡直把在場所有的聽眾都迷住了。
   - 這種痛苦讓人簡直無法忍受。

5. 而且我這樣大年紀的人，<u>難道</u>還不能料理自己<u>麼</u>？

   難道…麼/嗎：is it possible to say that…? (used for rhetorical questions to challenge the listener)
   - 如此健壯的人翻一塊這麼小的空地，難道還要別人幫助嗎？
   - 注重學習難道不是一個學生應該做的嗎？

6. 他和我走到車上，將橘子<u>一股腦兒</u>放在我的皮大衣上。

   一股腦兒：completely, the whole thing
   - 只要一用力，花生就會被一股腦兒地從地裏拉出來。
   - 孩子張開胳膊向媽媽跑去，懷裏的東西一股腦兒全散在了地上。

【重点句型与词汇】

1. 他<u>再三</u>嘱咐茶房，甚是仔细。

     再三： repeatedly, over and over again
   - 孙文在《立志做大事》一文中再三强调，要做大事，不要做大官。
   - 经过大家再三研究决定，从明年起，将由杨老师担任我们的校长。

2. 但他终于不放心，怕茶房不妥帖，<u>颇</u>踌躇了一会。

     颇： quite, considerably
   - 他颇得意地在人们面前卖弄着自己的小聪明。
   - 许霞默默地站在柳树下，盼望着父亲的出现，心情颇为紧张。

3. 我那时真是聪明过分...<u>非</u>自己插嘴<u>不可</u>。

     非...不可/不行： must, have to, cannot but
   - 这件事与你有关，你非去不可。
   - 这个问题今天非解决不可。要不然，她们不会原谅我们的。

4. 他们只认得钱，托他们<u>简直</u>是白托。

     简直： simply
   - 那婉转的曲子，嘹亮的歌喉简直把在场所有的听众都迷住了。
   - 这种痛苦让人简直无法忍受。

5. 而且我这样大年纪的人，<u>难道</u>还不能料理自己<u>么</u>？

     难道...么/吗： is it possible to say that...? (used for rhetorical questions to challenge the listener)
   - 如此健壮的人翻一块这么小的空地，难道还要别人帮助吗？
   - 注重学习难道不是一个学生应该做的吗？

6. 他和我走到车上，将桔子<u>一股脑儿</u>放在我的皮大衣上。

     一股脑儿： completely, the whole thing
   - 只要一用力，花生就会被一股脑儿地从地里拉出来。
   - 孩子张开胳膊向妈妈跑去，怀里的东西一股脑儿全散在了地上。

【練習】

一、課堂討論題：

1. 本文是一篇寫人的記敘性文章。作者抓住了父親的哪些特點進行描寫？

2. 作者和他父親兩年前見面時，家中的情形怎樣？

3. 文中的父子爲何同行？父親爲什麼要堅持送兒子到車站？

4. 這篇文章描寫的是什麼人之間的感情？他們之間的感情是否很深？表現在哪兒？

5. 父親把兒子送上火車後替他做了哪些事？爲什麼？

6. 父親當天穿了什麼樣的衣服？作者爲何會這麼仔細地描寫父親的衣著？

7. 作者非常詳細地描寫父親去買橘子時跳下爬上的情景，爲什麼？請復述這一情景。

8. 作者提到他一共流了幾次淚？流淚的原因是什麼？作者的父親看到兒子流淚了嗎？爲什麼？

9. 文中有四處提到對父親的背影的描寫，哪些是他親眼見到的，哪些是腦海中的印象？

10. 本文開頭的方式有什麼特點？這樣開頭的好處是什麼？

11. 作者爲什麼選擇背影作爲文章的主題？他爲什麼選擇如此仔細地描寫父親的背影而不是他的正面呢？

二、看課文選擇一個正確答案：

1. "禍不單行"的意思是：

a) 要是一個人出門就會有問題   b) 天下不太平   c) 幾件不幸的事同時發生

2. 文中提到父子同行的原因是：

a) 兩人都要去外地 b) 父親陪兒子去北京念書   c) 父親一個人出門，兒子不放心

3. 朱自清在文中提到父親時總是覺得他"說話不大漂亮，非自己插嘴不可"，還"心裡暗笑他的迂"，他這麼寫的目的是什麼？

a) 諷刺自己自作聰明   b) 嘲笑父親的迂腐   c) 表現他與父親關係不好

4. 父親信上說"大約大去之期不遠矣"，意思是：

a) 恐怕在世上的時間不多了   b) 不久又要離開家了   c) 不該在外面停留太久

5. "我那時真是聰明 ___ ___"中的 ___ 應該填上：

a) 極了   b) 太多   c) 過分

【练习】

一、课堂讨论题:

1. 本文是一篇写人的记叙性文章。作者抓住了父亲的哪些特点进行描写?

2. 作者和他父亲两年前见面时,家中的情形怎样?

3. 文中的父子为何同行?父亲为什么要坚持送儿子到车站?

4. 这篇文章描写的是什么人之间的感情?他们之间的感情是否很深?表现在哪儿?

5. 父亲把儿子送上火车后替他做了哪些事?为什么?

6. 父亲当天穿了什么样的衣服?作者为何会这么仔细地描写父亲的衣着?

7. 作者非常详细地描写父亲去买桔子时跳下爬上的情景,为什么?请复述这一情景。

8. 作者提到他一共流了几次泪?流泪的原因是什么?作者的父亲看到儿子流泪了吗?为什么?

9. 文中有四处提到对父亲的背影的描写,哪些是他亲眼见到的,哪些是脑海中的印象?

10. 本文开头的方式有什么特点?这样开头的好处是什么?

11. 作者为什么选择背影作为文章的主题?他为什么选择如此仔细地描写父亲的背影而不是他的正面呢?

二、看课文选择一个正确答案:

1. "祸不单行"的意思是:

a) 要是一个人出门就会有问题   b) 天下不太平   c)几件不幸的事同时发生

2. 文中提到父子同行的原因是:

a) 两人都要去外地 b) 父亲陪儿子去北京念书   c) 父亲一个人出门,儿子不放心

3. 朱自清在文中提到父亲时总是觉得他"说话不大漂亮,非自己插嘴不可",还"心里暗笑他的迂",他这么写的目的是什么?

a) 讽刺自己自作聪明   b) 嘲笑父亲的迂腐   c) 表现他与父亲关系不好

4. 父亲信上说"大约大去之期不远矣",意思是:

a) 恐怕在世上的时间不多了   b) 不久又要离开家了   c) 不该在外面停留太久

5. "我那时真是聪明 ___"中的 __ 应该填上:

a) 极了   b) 太多   c) 过分

6. "舉箸提筆，諸多不便" 是指身體哪一部分有問題？

a) 眼　　　　　b) 手　　　　　c) 腿

7. "我這麼大年紀的人，難道不能料理自己麼" 表示出作者的：

a) 自以為是　　　　　b) 非常成熟　　　　　c) 沒有自信

8. "近幾年來，父親和我都是東奔西走" 是說父子兩人：

a) 經常一起旅行　　b) 常出門在外，互相見不到面　　c) 夫子兩人都不愛回家

9. "他囑我路上小心，夜裏要警醒些，不要受涼" 表現了作者的父親對孩子的：

a) 體貼照顧　　　　　b) 不信任　　　　　c) 嚴厲

10. "家中光景，一日不如一日" 的意思是：

a) 家人都離開了家　　　　b) 家里的情形越來越糟　　　c) 家中情形漸漸地好了

11. 言談、行事不適應新時代，不了解社會情況的人，可以用哪個字形容：

a) 糊塗　　　　　　　　b) 迂　　　　　　　　c) 笨

12. 作者在本文中所使用的寫作技巧，下面哪一個是錯誤的：

a) 第一段就點出主題　　　　b) 本文使用了具體的例子來表現父愛

c) 本文寫作時間順序是：過去，過去，現在

13. 文中最能體現 "我" 思念父親句子是：

a) 在晶瑩的淚光中，又看見那肥胖的青布棉袍、黑布馬褂的背影

b) 唉！我不知何時再能與他相見

c) 這時我看見他的背影，我的眼淚很快地流下來了

三、用下列詞語填空：

躊躇、蹣跚、趕緊、顯出、輕鬆、費事、非...不可、再三

1. 我已經跟她說過不用去了，可她_____親自去看看。

2. 聽完了我的話，謝老師_____了一會兒，才開口說到...

6. "举箸提笔，诸多不便" 是指身体哪一部分有问题？

a) 眼　　　　　b) 手　　　　　c) 腿

7. "我这么大年纪的人，难道不能料理自己么" 表示出作者的：

a) 自以为是　　　　　b) 非常成熟　　　　　c) 没有自信

8. "近几年来，父亲和我都是东奔西走" 是说父子两人：

a) 经常一起旅行　　b) 常出门在外，互相见不到面　　c) 父子两人都不爱回家

9. "他嘱我路上小心，夜里要警醒些，不要受凉" 表现了作者的父亲对孩子的：

a) 体贴照顾　　　　　b) 不信任　　　　　c) 严厉

10. "家中光景，一日不如一日" 的意思是：

a) 家人都离开了家　　　　b) 家里的情形越来越糟　　c) 家中情形渐渐地好了

11. 言谈、行事不适应新时代，不了解社会情况的人，可以用哪个字形容：

a) 糊涂　　　　　　　b) 迂　　　　　　c) 笨

12. 作者在本文中所使用的写作技巧，下面哪一个是错误的：

a) 第一段就点出主题　　　b) 本文使用了具体的例子来表现父爱

c) 本文写作时间顺序是：过去，过去，现在

13. 文中最能体现 "我" 思念父亲句子是：

a) 在晶莹的泪光中，又看见那肥胖的青布棉袍、黑布马褂的背影

b) 唉！我不知何时再能与他相见

c) 这时我看见他的背影，我的眼泪很快地流下来了

三、用下列词语填空：

踌躇、蹒跚、赶紧、显出、轻松、费事、非...不可、再三

1.我已经跟她说过不用去了，可她_____亲自去看看。

2.听完了我的话，谢老师_____了一会儿，才开口说到...

3. 考完試以後，同學們都覺得非常_____。

4. 這麼做太_____，不如換個方法。

5. 雖然孩子早已_____不耐煩的樣子，可父親還是_____囑咐他要聽老師的話。

6. 時間不多了，我們_____走吧！

7. 一個一歲模樣的孩子向我們_____地走來。

四、思考題：

1. 你成長的過程中，誰對你的影響最大？她/他曾說過、做過哪些讓你感動并難忘的話和事？當時的情況是怎樣的？爲什麼給你留下了如此深的印象？請舉幾個例子説明。

2. 你與父母的關係如何？你們經常採用的溝通方式是什麼？有效果嗎？"母親的教誨"、"背影"兩篇文章中的父母與孩子的溝通方式與現代人的方式有什麼不同？你認爲父母與孩子的關係應該像朋友嗎？爲什麼？

五、請找出同一組中與其他詞語沒有關係的詞：

例：(d)　　　a) 説　　　b) 講　　　c) 談　　　d) 讀

1. (　)　　a) 跪　　　b) 走　　　c) 跳　　　d) 跑

2. (　)　　a) 嘆息　　b) 勢力　　c) 擔負　　d) 稱讚

3. (　)　　a) 趕緊　　b) 急忙　　c) 趕快　　d) 焦急

4. (　)　　a) 撐　　　b) 催　　　c) 擦　　　d) 掩

5. (　)　　a) 樹林　　b) 杏樹　　c) 楊柳　　d) 桃樹

6. (　)　　a) 軟綿綿　b) 輕悄悄　c) 綠油油　d) 笑嘻嘻

7. (　)　　a) 看　　　b) 望　　　c) 眨　　　d) 瞧

8. (　)　　a) 太陽　　b) 碧天　　c) 月亮　　d) 星星

9. (　)　　a) 精明　　b) 成熟　　c) 管束　　d) 清醒

10. (　)　　a) 薄霧　　b) 輕煙　　c) 微風　　d) 大雨

六、作文：

　　　✎ 人間眞情——記一位我最愛的人

　　　　要求：

　　　　　　• 眞實、感人

　　　　　　• 要有具體的例子

3.考完试以后，同学们都觉得非常_____。

4.这么做太_____，不如换个方法。

5.虽然孩子早已_____不耐烦的样子，可父亲还是_____嘱咐他要听老师的话。

6.时间不多了，我们_____走吧!

7.一个一岁模样的孩子向我们_____地走来。

四、思考题:

1.你成长的过程中，谁对你的影响最大? 她/他曾说过、做过哪些让你感动并难忘的话
  和事? 当时的情况是怎样的? 为什么给你留下了如此深的印象? 请举几个例子说明。

2.你与父母的关系如何? 你们经常采用的沟通方式是什么? 有效果吗? "母亲的教
  诲"、"背影"两篇文章中的父母与孩子的沟通方式与现代人的方式有什么不同? 你
  认为父母与孩子的关系应该像朋友吗? 为什么?

五、请找出同一组中与其他词语没有关系的词:

例: (d)   a) 说   b) 讲   c) 谈   d) 读
1. ( )   a) 跪   b) 走   c) 跳   d) 跑
2. ( )   a) 叹息   b) 势力   c) 担负   d) 称赞
3. ( )   a) 赶紧   b) 急忙   c) 赶快   d) 焦急
4. ( )   a) 拧   b) 催   c) 擦   d) 掩
5. ( )   a) 树林   b) 杏树   c) 杨柳   d) 桃树
6. ( )   a) 软绵绵   b) 轻悄悄   c) 绿油油   d) 笑嘻嘻
7. ( )   a) 看   b) 望   c) 眨   d) 瞧
8. ( )   a) 太阳   b) 碧天   c) 月亮   d) 星星
9. ( )   a) 精明   b) 成熟   c) 管束   d) 清醒
10.( )   a) 薄雾   b) 轻烟   c) 微风   d) 大雨

六、作文:

   ✍ 人间真情——记一位我最爱的人

       要求:

       • 真实、感人

       • 要有具体的例子

【寫作參考資料】

● 排比 (páibǐ: parallelism)：

把內容相關，結構相同或相近，語氣一致的三個或三個以上的語句排列在一起，增加語氣的修飾方法叫排比。排比可以分爲兩種——句子的排比和句子成分的排比。

一、 句子的排比：

1.春天像剛落地的娃娃，從頭到腳都是新的，它生長著。

　春天像小姑娘，花枝招展著，笑著，進著。

　春天像健壯的青年，有鐵一般的胳膊和腰腳，他領著我們上前去。

2.燕子去了，有再來的時候；楊柳枯了，有再青的時候；桃花謝了，有再開的時候。

3.他有一雙眼，但看的不很清楚；有兩隻耳朵，但聽的不很分明；有鼻子和嘴，但他對於氣味和口味都不很講究...

二、 句子成分的排比：

1.北方的秋雨，也似乎比南方的下得奇，下得有味，下得更像樣。

(郁達夫《故都的秋》)

2.不必說碧綠的菜畦，光滑的石井欄，高大的皂莢樹，紫紅的桑椹... (魯迅《從百草園到三味書屋》)

● 請用排比句完成下面的句子：

1. 每次拿起好友的照片，她＿＿＿＿＿＿＿＿＿＿＿＿＿＿＿＿＿

＿＿＿＿＿＿＿＿＿＿＿＿＿＿＿＿＿＿＿＿＿＿＿＿＿＿＿＿。

2. 回到以前常去的公園，裏面的一切都完全變了！＿＿＿＿＿＿＿＿＿

＿＿＿＿＿＿＿＿＿＿＿＿＿＿＿＿＿＿＿＿＿＿＿＿＿＿＿＿。

【写作参考资料】

- 排比 (páibǐ: parallelism)：

把内容相关，结构相同或相近，语气一致的三个或三个以上的语句排列在一起，增加语气的修饰方法叫排比。排比可以分为两种——句子的排比和句子成分的排比。

一、 句子的排比：

1.春天像刚落地的娃娃，从头到脚都是新的，它生长着。

　　春天像小姑娘，花枝招展着，笑着，进着。

　　春天像健壮的青年，有铁一般的胳膊和腰脚，他领着我们上前去。

2.燕子去了，有再来的时候；杨柳枯了，有再青的时候；桃花谢了，有再开的时候。

3.他有一双眼，但看的不很清楚；有两只耳朵，但听的不很分明；有鼻子和嘴，但他对於气味和口味都不很讲究...

二、 句子成分的排比：

1.北方的秋雨，也似乎比南方的下得奇，下得有味，下得更像样。

(郁达夫《故都的秋》)

2. 不必说碧绿的菜畦，光滑的石井栏，高大的皂荚树，紫红的桑椹... (鲁迅《从百草园到三味书屋》)

- 请用排比句完成下面的句子：

1. 每次拿起好友的照片，她_____

_____。

2. 回到以前常去的公园，里面的一切都完全变了！_____

_____。

第八課

最苦與最樂

梁啟超

人生什麼事最苦呢？貧嗎？不是。失意嗎？不是。老嗎？死嗎？都不是。我說人生最苦的事，莫苦於身上背著一種未了的責任。人若能知足，雖貧不苦；若能安分（不多作分外希望），雖失意但不苦；老、死乃人生難免的事，達觀的人看得很平常，也不算什麼苦。獨是凡人生在世間一天，便有一天應該做的事。該做的事沒有做完，便像是有幾千斤重擔子壓在肩頭，再苦是沒有的了。為什麼呢？因為受那良心責備不過，要逃躲也沒處逃躲呀！

答應人辦一件事沒有辦，欠了人的錢沒有還，受了人的恩惠沒有報答，得罪了人沒有賠禮，就連這個人的面也幾乎不敢見；縱然不見他的面，睡裏夢裏，都像有他的影子來纏著我。為什麼呢？因為覺得對不住他呀，因為自己對他的責任還沒有解除呀！不獨是對於一個人如此，就是對家庭、對社會、對國家，乃至對自己，都是如此。凡屬我受過他好處的人，我對他便有了責任。凡屬我應該做的事，而且力量能夠做得到的，我對這件事便有了責任。凡屬我自己打主意要做一件事，便是現在的自己和將來的自己立了一種契約，便是自己給自己加一層責任。有了這責任，那良心便時時刻刻監督在後頭，一日應盡的責任沒有盡，到夜裏頭便得過著痛苦的日子；一生應盡的責任沒有盡，便死也是帶著痛苦往墳墓裏去。這種痛苦卻比不得普通的貧、病、老、死，可以達觀排解得來。所以我說人生沒有痛苦便罷；若有痛苦，當然沒有比這個更加重的了。

翻過來看，什麼事最快樂呢？自然責任完了，算是人生第一件樂事。古語說："如釋重負"；俗語亦說："心上一塊石頭落了地"。人到這個時候，那

第八课

最苦与最乐
梁启超

人生什么事最苦呢？贫吗？不是。失意吗？不是。老吗？死吗？都不是。我说人生最苦的事，莫苦于身上背著一种未了的责任。人若能知足，虽贫不苦；若能安分（不多作分外希望），虽失意但不苦；老、死乃人生难免的事，达观的人看得很平常，也不算什么苦。独是凡人生在世间一天，便有一天应该做的事。该做的事没有做完，便像是有几千斤重担子压在肩头，再苦是没有的了。为什么呢？因为受那良心责备不过，要逃躲也没处逃躲呀！

答应人办一件事没有办，欠了人的钱没有还，受了人的恩惠没有报答，得罪了人没有赔礼，就连这个人的面也几乎不敢见；纵然不见他的面，睡里梦里，都像有他的影子来缠著我。为什么呢？因为觉得对不住他呀，因为自己对他的责任还没有解除呀！不独是对于一个人如此，就是对家庭、对社会、对国家，乃至对自己，都是如此。凡属我受过他好处的人，我对他便有了责任。凡属我应该做的事，而且力量能够做得到的，我对这件事便有了责任。凡属我自己打主意要做一件事，便是现在的自己和将来的自己立了一种契约，便是自己给自己加一层责任。有了这责任，那良心便时时刻刻监督在后头，一日应尽的责任没有尽，到夜里头便得过著痛苦的日子；一生应尽的责任没有尽，便死也是带著痛苦往坟墓里去。这种痛苦却比不得普通的贫、病、老、死，可以达观排解得来。所以我说人生没有痛苦便罢；若有痛苦，当然没有比这个更加重的了。

翻过来看，什么事最快乐呢？自然责任完了，算是人生第一件乐事。古语说："如释重负"；俗语亦说："心上一块石头落了地"。人到这个时候，那種輕鬆、愉快，簡直不可以言語形容。責任越重大，負責的日子越久長，到責任完了時，海闊天空，心安理得，那快樂還要加幾倍哩！大抵天下事，從苦中得來的樂，才算是真樂。人生須知道負責任的苦處，才能知道盡責任的樂處。這種苦樂循環，便是這有活力的人間的一種趣味。不盡責任，受良心責備，這些苦都是自己找來的。翻過來看，處處盡責任，便處處快樂；時時盡責任，便時時快樂。快樂之權，操之在己。孔子所以說："無入而不自得"，正是這種作用。

然而為什麼孟子又說："君子有終身之憂"呢？因為越是聖賢豪傑，他負的責任越是重大；而且他常要把這種種責任攬在身上，肩頭的擔子從沒有放下的時候。曾子還說："任重而道遠，......死而後已，不亦遠乎？"那仁人志士的憂國憂民，那諸聖諸佛的悲天憫人，雖說他是一輩子感受苦痛，也都可以。但是他日日在那裏盡責任，便日日在那裏得苦中真樂，所以他到底還是樂，不是苦呀！

有人說："既然這苦是從負責任而生的，我若是將責任卸卻，豈不是就永遠沒有苦了嗎？"這卻不然。責任是要解除了才沒有，並不是卸了就沒有。人生若能永遠像兩三歲小孩，本來沒有責任，那就本來沒有苦。到了長大成人，那責任自然壓在你的肩頭上，如何能躲？不過有大小的分別罷了。盡得大的責任，就得大快樂；盡得小的責任，就得小快樂。你若是要躲，倒是自投苦海，永遠不能解除了。

种轻松、愉快，简直不可以言语形容。责任越重大，负责的日子越久长，到责任完了时，海阔天空，心安理得，那快乐还要加几倍哩！大抵天下事，从苦中得来的乐，才算是真乐。人生须知道负责任的苦处，才能知道尽责任的乐处。这种苦乐循环，便是这有活力的人间的一种趣味。不尽责任，受良心责备，这些苦都是自己找来的。翻过来看，处处尽责任，便处处快乐；时时尽责任，便时时快乐。快乐之权，操之在己。孔子所以说："无入而不自得"，正是这种作用。

然而为什么孟子又说："君子有终身之忧"呢？因为越是圣贤豪杰，他负的责任越是重大；而且他常要把这种种责任揽在身上，肩头的担子从没有放下的时候。曾子还说："任重而道远，……死而後已，不亦远乎？"那仁人志士的忧国忧民，那诸圣诸佛的悲天悯人，虽说他是一辈子感受苦痛，也都可以。但是他日日在那里尽责任，便日日在那里得苦中真乐，所以他到底还是乐，不是苦呀！

有人说："既然这苦是从负责任而生的，我若是将责任卸却，岂不是就永远没有苦了吗？"这却不然。责任是要解除了才没有，并不是卸了就没有。人生若能永远像两三岁小孩，本来没有责任，那就本来没有苦。到了长大成人，那责任自然压在你的肩头上，如何能躲？不过有大小的分别罢了。尽得大的责任，就得大快乐；尽得小的责任，就得小快乐。你若是要躲，倒是自投苦海，永远不能解除了。

【生詞表】

1. 苦	苦	kǔ	hardship, suffering
2. 貧	贫	pín	poverty
3. 失意	失意	shīyì	to be frustrated, to be disappointed
4. 未了	未了	wèiliǎo	unfinished
5. 知足	知足	zhīzú	to be content with one's lot
6. 安分	安分	ānfèn	not go beyond one's bounds
7. 難免	难免	nánmiǎn	hard to avoid
8. 達觀	达观	dáguān	taking things philosophically
9. 世間	世间	shìjiān	in the world, on earth
10. 擔子	担子	dànzi	load, burden
11. 肩頭	肩头	jiāntóu	shoulder
12. 良心	良心	liángxīn	conscience
13. 逃躲	逃躲	táoduǒ	to run away from
14. 答應	答应	dāyìng	to promise
15. 欠	欠	qiàn	to owe
16. 恩惠	恩惠	ēnhuì	favor
17. 報答	报答	bàodá	to repay, to requite
18. 得罪	得罪	dézuì	to offend, to displease
19. 賠禮	赔礼	péilǐ	to make an apology
20. 縱然	纵然	zòngrán	even if
21. 纏	缠	chán	to bother
22. 解除	解除	jiěchú	to remove, to relieve
23. 力量	力量	lìliàng	power, force, physical strength
24. 契約	契约	qìyuē	contract
25. 監督	监督	jiāndū	to supervise, to control
26. 盡(責任)	尽(责任)	Jìn(zérèn)	to fulfill (one's duty)
27. 墳墓	坟墓	fénmù	tomb
28. 排解	排解	páijiě	to mediate, to reconcile
29. 如釋重負	如释重负	rúshìzhòngfù	as if relieved of a heavy load, to feel relieved
30. 俗語	俗语	súyǔ	common saying (or 俗話/俗话)
31. 以	以	yǐ	用

32.	海闊天空	海阔天空	hǎikuòtiānkōng	as boundless as the ocean and sky
33.	心安理得	心安理得	xīn'ānlǐdé	to feel at ease and justified
34.	大抵	大抵	dàdí	generally speaking
35.	循環	循环	xúnhuán	cycle, to circulate
36.	活力	活力	huólì	energy, vigor
37.	趣味	趣味	qùwèi	interest, delight
38.	快樂之權， 操之在己	快乐之权， 操之在己	kuàilè zhī quán, cāo zhī zaijǐ	the power to obtain happiness is in one's own hands
39.	無入而不 自得	无入而不 自得	wú rù ér bù zìdé	沒有什麼情況會感到不心安理得的
40.	君子有終身 之憂	君子有终身 之忧	jūnzǐ yǒu zhōng shēn zhī yōu	君子一生都會有憂慮
41.	聖賢豪傑	圣贤豪杰	shèngxiánháojié	sages, men of virtue, and heroes
42.	攬	揽	lǎn	to take on, take upon oneself
43.	任重而道遠，...死而後已，不亦遠乎 任重而道远，...死而后已，不亦远乎 rèn zhòng ér dào yuǎn,...sǐ ér hòu yǐ, bú yì lè hū			责任重大而前路漫长...一直到死後 才停止，不就是很遥远吗
44.	仁人志士	仁人志士	rénrénzhìshì	people with lofty ideas
45.	憂國憂民	忧国忧民	yōuguóyōumín	be concerned about one's country and one's people
46.	諸神諸佛	诸神诸佛	zhūshénzhūfó	all spirits and buddhas
47.	悲天憫人	悲天悯人	bēitiānmǐnrén	feel both grieved and indignant at the depravity of human society and the suffering of the masses
48.	卸卻	卸却	xièquè	to unload, lay down
49.	豈不是	岂不是	qǐbúshì	wouldn't that be, isn't that
50.	自投苦海	自投苦海	zìtóukǔhǎi	to hurl oneself willingly into suffering

【重點句型與詞彙】

1. <u>凡</u>屬我受過他好處的人，我對於他<u>便</u>有了責任。

    凡(是)…(就、便)…： every, any, all…, …
- 凡是對他人有害的事，我們就不能去做。
- 凡是有理想，有責任心的青年人，就都做得成大事。

2. 答應人辦一件事沒有辦…就連這個人的面也<u>幾乎</u>不敢見。

    幾乎： nearly, almost, practically
- 這幾年裏張先生的變化太大了，我幾乎沒認出他來。
- 白雪顯得非常從容，幾乎看不出這是她第一次參加這麼重大的活動。

3. <u>縱然</u>不見他的面，睡裏夢裏，都像有他的影子來纏著我。

    縱然： even if, even though
- 要是你沒有這個能力，縱然你再有勢力，名氣再大，也完成不了這個任務。
- 縱然王大夫用盡了全部的本事，差不多先生還是不一會兒就一命嗚呼了。

4. 有了這責任，那良心便<u>時時刻刻</u>監督在後頭。

    時時刻刻 or 時刻： constantly, always
- 從此，他時時刻刻想著如何報答您對他的關心與幫助。
- 新年一過，大家就時時刻刻盼望著春天早一點到來。

5. 我若是將責任卸卻，<u>豈不是</u>就永遠沒有苦了嗎？

    豈不是： isn't that, wouldn't that be …
- 要是一事無成，這一生豈不是白過了？
- 這樣做豈不是更容易受到良心的責備嗎？

6. 責任是要解除了才沒有，<u>並不是</u>卸了就沒有。

    並不是： it's not the case that … (emphasizes contrast or disagreement)
- 要是得罪了他，就得受罰，並不是簡單地賠個禮就能解決問題的。
- 我並不是那個意思，請你不要誤會。

【重点句型与词汇】

1. <u>凡</u>属我受过他好处的人，我对于他<u>便</u>有了责任。

   凡(是) … (就、便) …： every, any, all…, …
   - 凡是对他人有害的事，我们就不能去做。
   - 凡是有理想，有责任心的青年人，就都做得成大事。

2. 答应人办一件事，就连这个人的面也<u>几乎</u>不敢见。

   几乎： nearly, almost, practically
   - 这几年里张先生的变化太大了，我几乎没认出他来。
   - 白雪显得非常从容，几乎看不出这是她第一次参加这么重大的活动。

3. <u>纵然</u>不见他的面，睡里梦里，都像有他的影子来缠着我。

   纵然： even if, even though
   - 要是你没有这个能力，纵然你再有势力，名气再大，也完成不了这个任务。
   - 纵然王大夫用尽了全部的本事，差不多先生还是不一会儿就一命呜呼了。

4. 有了这责任，那良心便<u>时时刻刻</u>监督在后头。

   时时刻刻 or **时刻：** constantly, always
   - 从此，他时时刻刻想着如何报答您对他的关心与帮助。
   - 新年一过，大家就时时刻刻盼望着春天早一点到来。

5. 我若是将责任卸却，<u>岂不是</u>就永远没有苦了吗？

   岂不是： isn't that, wouldn't that be …
   - 要是一事无成，这一生岂不是白过了？
   - 这样做岂不是更容易受到良心的责备吗？

6. 责任是要解除了才没有，<u>并不是</u>卸了就没有。

   并不是： it's not the case that … (emphasizes contrast or disagreement)
   - 要是得罪了他，就得受罚，并不是简单地赔个礼就能解决问题的。
   - 我并不是那个意思，请你不要误会。

【練習】

一、課堂討論題：

1. 請同學們上網查出本文作者梁啓超生平、本文的寫作背景及他在中國歷史上的影響。
2. 本文的中心論點是什麼？作者在本文中使用了哪些論據來證明所提出的論點？
3. "苦"除了痛苦以外，還有什麼意思？請你說出幾個含有"苦"字的詞語。
4. 本文所提到的責任指的是什麼？
5. 作者爲什麼說一個人責任未盡就會痛苦，責任盡了就會快樂？
6. 什麼是一般的"苦"？這些苦與作者所說的"苦"有什麼不同？
7. 爲什麼"凡屬我應該做的事，而且力量能夠做得到的，我對於這件事便有了責任"？請舉幾個例子說明。
8. 爲什麼"凡屬我自己打主意要做一件事…便是自己對於自己加一層責任"？
9. "從苦中得來的樂，才算是眞樂"，你同意這個說法嗎？爲什麼？
10. 作者認爲人們的快樂掌握在誰的手中？
11. 爲什麼孟子說"君子有終身之憂"，作者卻說"他到底還是樂，不是苦呀"呢？
12. 責任是能夠逃避的嗎？請你舉例說明你目前的生活裏，哪些責任是根本逃避不了的？逃避的後果是什麼？
13. 作者爲什麼認爲逃避責任是自投苦海呢？
14. 本文每段都用一個問句開頭，這種寫法有什麼好處？
15. 請談談你認爲自己對於家庭、對於社會、對於國家有哪些責任。

二、將左右兩邊的詞語搭配起來：

　　　　例：火紅的 --------------> 彩霞

1. 花枝招展的　　　　　　　淚光
2. 裝腔作勢的　　　　　　　雙眼
3. 荒蕪的　　　　　　　　　孩子
4. 達觀的　　　　　　　　　顏色
5. 晶瑩的　　　　　　　　　人群
6. 匆匆的　　　　　　　　　政治家
7. 伶俐的　　　　　　　　　小姑娘
8. 茫然的　　　　　　　　　土地
9. 鮮紅嫩綠的　　　　　　　態度
10. 熱鬧的　　　　　　　　　腳步

【练习】

一、课堂讨论题:

1. 请同学们上网查出本文作者梁启超生平、本文的写作背景及他在中国历史上的影响。

2. 本文的中心论点是什么?作者在本文中使用了哪些论据来证明所提出的论点?

3. "苦"除了痛苦以外,还有什么意思?请你说出几个含有"苦"字的词语。

4. 本文所提到的责任指的是什么?

5. 作者为什么说一个人责任未尽就会痛苦,责任尽了就会快乐?

6. 什么是一般的"苦"?这些苦与作者所说的"苦"有什么不同?

7. 为什么"凡属我应该做的事,而且力量能够做得到的,我对于这件事便有了责任"?请举几个例子说明。

8. 为什么"凡属我自己打主意要做一件事…便是自己对于自己加一层责任"?

9. "从苦中得来的乐,才算是真乐",你同意这个说法吗?为什么?

10. 作者认为人们的快乐掌握在谁的手中?

11. 为什么孟子说"君子有终身之忧",作者却说"他到底还是乐,不是苦呀"呢?

12. 责任是能够逃避的吗?请你举例说明你目前的生活里,哪些责任是根本逃避不了的?逃避的后果是什么?

13. 作者为什么认为逃避责任是自投苦海呢?

14. 本文每段都用一个问句开头,这种写法有什么好处?

15. 请谈谈你认为自己对于家庭、对于社会、对于国家有哪些责任。

二、将左右两边的词语搭配起来:

例:火红的 --------------> 彩霞

1. 花枝招展的　　　　　泪光

2. 装腔作势的　　　　　双眼

3. 荒芜的　　　　　　　孩子

4. 达观的　　　　　　　颜色

5. 晶莹的　　　　　　　人群

6. 匆匆的　　　　　　　政治家

7. 伶俐的　　　　　　　小姑娘

8. 茫然的　　　　　　　土地

9. 鲜红嫩绿的　　　　　态度

10. 热闹的　　　　　　　脚步

三、請仔細閱讀下列的選擇項目，在小組中討論，決定出答案。每選項都有一般、中等、極度三種選擇程度。其中的6、7、8項請小組同學寫下你們認為最苦和最樂的事。

		一般	中等	極度
苦事	1. 考試沒考好			
	2. 跟男朋友/女朋友分手了			
	3. 被好朋友誤解了			
	4. 被老師責備			
	5. 因病無法上課			
	6.			
	7.			
	8.			
樂事	1. 功課受到老師的表揚			
	2. 與在中國的親友交流時，沒有語言上的問題			
	3. 買到了一件心愛的衣服			
	4. 按時完成了作業			
	5. 找到一位知心朋友			
	6.			
	7.			
	8.			

四、請用合適的詞組填空：

責備、報答、得罪、俗話、監督、責任、形容、處處、陪禮

1. 一個有 ＿＿＿＿＿ 心的人是不會只顧自己而不管別人的。
2. ＿＿＿＿＿ 説:"一年之計在於春"。春天來了，鄉間 ＿＿＿＿＿ 都有農民們忙碌的身影。
3. 孩子做錯了事，父母只 ＿＿＿＿＿ 他是沒有用的。應該幫助他認識錯誤，並教他如何避免犯同樣的錯誤。
4. 父母對我們的養育之恩，我們一輩子也無法 ＿＿＿＿＿ 。
5. 用"慚愧"來 ＿＿＿＿＿ 他此時的心情是再合適不過了。
6. A: 我不知道什麼地方 ＿＿＿＿＿ 她了，這幾天她見到我時好像沒看見似的。

三、请仔细阅读下列的选择项目，在小组中讨论，决定出答案。每选项都有一般、中等、极度三种选择程度。其中的6、7、8项请小组同学写下你们认为最苦和最乐的事。

		一般	中等	极度
苦事	1. 考试没考好			
	2. 跟男朋友/女朋友分手了			
	3. 被好朋友误解了			
	4. 被老师责备			
	5. 因病无法上课			
	6.			
	7.			
	8.			
乐事	1. 功课受到老师的表扬			
	2. 与在中国的亲友交流时，没有语言上的问题			
	3. 买到了一件心爱的衣服			
	4. 按时完成了作业			
	5. 找到一位知心朋友			
	6.			
	7.			
	8.			

四、请用合适的词组填空：

责备、报答、得罪、俗话、监督、责任、形容、处处、陪礼

1. 一个有 _____ 心的人是不会只顾自己而不管别人的。
2. _____ 说："一年之计在于春"。春天来了，乡间 _____ 都有农民们忙碌的身影。
3. 孩子做错了事，父母只 _____ 他是没有用的。应该帮助他认识错误，并教他如何避免犯同样的错误。
4. 父母对我们的养育之恩，我们一辈子也无法 _____ 。
5. 用"惭愧"来 _____ 他此时的心情是再合适不过了。
6. A: 我不知道什么地方 _____ 她了，这几天她见到我时好像没看见似的。

B: 你答應幫她辦的事，現在還沒辦好，她能不生氣嗎？趕緊向她＿＿＿＿道歉吧。

五、請用下列詞組造句：

心安理得、海闊天空、如釋重負、仁人志士、輕鬆愉快、千斤重擔

六、作文：

　　🖎　最美與最醜
　　　　要求：

　　　　　　• 請模仿本篇課文，寫一篇論説文
　　　　　　• 提出你認爲最美及最醜的事物。注意不必只就一個事物的正反兩面來寫。
　　　　　　• 用有説服力的例子或引用格言、名句來加強你的論點。

B: 你答应帮她办的事，现在还没办好，她能不 生 气吗？赶紧向她_____道歉吧。

五、请用下列词组造句：

心安理得、海阔天空、如释重负、仁人志士、轻松愉快、千斤重担

六、作文：

✎ 最美与最丑

要求：

- 请模仿本篇课文，写一篇论说文
- 提出你认为最美及最丑的事物。注意不必只就一个事物的正反两面来写。
- 用有说服力的例子或引用格言、名句来加强你的论点。

【寫作參考資料】

● 引用(yǐnyòng: quotation)：

在説話或文章中引入現成的話語(包括別人的話、詩歌、典故、 俗語等)，叫引用。引用可以加強文章的説服力，使語言更加深刻、生動、多樣化。引用分明引和暗引兩種。

一、 明引：在引用部分的前面或後面指出所引的話出自何處，叫做"明引"。

1. 然而爲什麼孟子又説："君子有終身之憂"呢？

2. 曾子還説："任重而道遠"，"死而後已，不亦遠乎？"

3. 古語云："樂以教和"。我做了七、八年音樂教師沒有實證過這句話，不料這天在這荒村中實證了。

二、 暗引：引用時沒有指出出處，就叫"暗引"。

1. "吹面不寒楊柳風"，不錯的，像母親的手撫摸著你。

2. "一年之計在於春"；剛起頭兒，有的是工夫，有的是希望。

● 請指出下面三段話中分別使用了哪種引用法：

1. 忽然想起採蓮的事情來了。採蓮是江南的舊俗，似乎很早就有...於是又記起《西洲曲》裏的句子：採蓮南塘秋，蓮花過人頭；低頭弄蓮子，蓮子青如水。

2. 所謂"山色空濛雨亦奇"，我於此體會了這種境界的好處。

3. 古人所説的"梧桐一葉而天下知秋"的遙想，大約也就在這些深沈的地方。

【写作参考资料】

• 引用(yǐnyòng: quotation)：

在说话或文章中引入现成的话语(包括别人的话、诗歌、典故、俗语等)，叫引用。引用可以加强文章的说服力，使语言更加深刻、生动、多样化。引用分明引和暗引两种。

一、 明引：在引用部分的前面或后面指出所引的话出自何处，叫做"明引"。

1. 然而为什么孟子又说："君子有终身之忧"呢？
2. 曾子还说："任重而道远"，"死而后已，不亦远乎？"
3. 古语云："乐以教和"。我做了七、八年音乐教师没有实证过这句话，不料这天在这荒村中实证了。

二、 暗引：引用时没有指出出处，就叫"暗引"。

1. "吹面不寒杨柳风"，不错的，像母亲的手抚摸着你。
2. "一年之计在于春"；刚起头儿，有的是工夫，有的是希望。

• 请指出下面三段话中分别使用了哪种引用法：

1. 忽然想起采莲的事情来了。采莲是江南的旧俗，似乎很早就有...于是又记起《西洲曲》里的句子：采莲南塘秋，莲花过人头；低头弄莲子，莲子青如水。

2. 所谓"山色空蒙雨亦奇"，我于此体会了这种境界的好处。

3. 古人所说的"梧桐一叶而天下知秋"的遥想，大约也就在这些深沈的地方。

第九課

一件小事

魯迅

　　我從鄉下跑到京城，一轉眼已經六年了。其間耳聞目睹的所謂國家大事，算起來也很不少；但在我心裏，都沒留什麼痕跡。倘要我尋出這些事的影響來說，便只是增長了我的坏脾氣，——老實說，便是教我一天比一天地看不起人。

　　但有一件小事，卻於我有意義，將我從坏脾气裏拖開，使我至今忘記不得。

　　是民國六年的冬天，大北風颳得正猛。我因爲生計關係，不得不一早在路上走。一路幾乎遇不見人，好容易才僱定了一輛人力車，叫他拉到S門去。不一會，北風小了，路上浮塵早已颳淨，剩下一條潔白的大道來，車夫也跑得更快。剛近S門，忽而車把上帶著一個人，慢慢地倒了。

　　跌倒的是一個女人，花白頭髮，衣服都很破爛。伊從馬路邊上突然向車前橫截過來；車夫已經讓開道，但伊的破棉背心沒有扣上，微風吹著，向外展開，所以終於兜著車把。幸而車夫早有點停步，否則伊定要栽一個大筋斗，跌到頭破血流了。

　　伊伏在地上；車夫便也立住腳。我料定這老女人並沒有傷，又沒有別人看見，便很怪他多事，要自己惹出是非，也誤了我的路。

　　我便對他說，　“沒有什麼的。走你的罷！”

　　車夫毫不理會，——或者並沒有聽到，——卻放下車子，扶那老女人慢慢起來，攙著臂膊立定，問伊說：

　　“你怎麼啦？”

　　“我摔壞了。”

第九课

一件小事
鲁迅

我从乡下跑到京城，一转眼已经六年了。其间耳闻目睹的所谓国家大事，算起来也很不少；但在我心里，都没留什么痕迹。倘要我寻出这些事的影响来说，便只是增长了我的坏脾气，——老实说，便是教我一天比一天地看不起人。

但有一件小事，却于我有意义，将我从坏脾气里拖开，使我至今忘记不得。

是民国六年的冬天，大北风刮得正猛。我因为生计关系，不得不一早在路上走。一路几乎遇不见人，好容易才雇定了一辆人力车，叫他拉到S门去。不一会，北风小了，路上浮尘早已刮净，剩下一条洁白的大道来，车夫也跑得更快。刚近S门，忽而车把上带着一个人，慢慢地倒了。

跌倒的是一个女人，花白头发，衣服都很破烂。伊从马路边上突然向车前横截过来；车夫已经让开道，但伊的破棉背心没有扣上，微风吹着，向外展开，所以终于兜着车把。幸而车夫早有点停步，否则伊定要栽一个大筋斗，跌到头破血流了。

伊伏在地上；车夫便也立住脚。我料定这老女人并没有伤，又没有别人看见，便很怪他多事，要自己惹出是非，也误了我的路。

我便对他说，"没有什么的。走你的罢！"

车夫毫不理会，——或者并没有听到，——却放下车子，扶那老女人慢慢起来，搀着臂膊立定，问伊说：

"你怎么啦？"

"我摔坏了。"

　　我想，我眼見你慢慢倒地，怎麼會摔壞呢，裝腔作勢罷了，這眞可憎惡。車夫多事，也正是自討苦吃，現在你自己想法子去。

　　車夫聽了這老女人的話，卻毫不躊躇，仍然攙著伊的臂膊，一步一步地向前走。我有些詫異，忙看前面，是一所巡警分駐所，大風之後，外面也不見人。這車夫扶著那老女人，便正是向那大門走去。

　　我這時突然感到一種異樣的感覺，覺得他滿身灰塵的後影，霎時高大了，而且愈走愈大，須仰視才見。而且他對於我，漸漸地又幾乎變成一種威壓，甚至於要榨出皮袍下面藏著的“小”來。

　　我的活力這時大約有些凝滯了，坐著沒有動，也沒有想，直到看見分駐所裏走出一個巡警，才下了車。

　　巡警走近我說，“你自己僱車罷，他不能拉你了。”

　　我不加思索地從外套袋裏抓出一大把銅元，交給巡警，說，“請你給他……”

　　風全住了，路上還很靜。我走著，一面想，幾乎怕想到我自己。以前的事姑且擱起，這一大把銅元又是什麼意思？獎他麼？我還能裁判車夫麼？我不能回答自己。

　　這事到了現在，還是時時記起。我因此也時時受苦痛的煎熬，努力地要想到我自己。幾年來的文治武力，早如幼小時候所讀過的“子曰詩云”一般，背不上半句了。獨有這一件小事，卻總是浮現在我眼前，有時反更分明，教我慚愧，催我自新，並且增長我的勇氣和希望。

　　我想，我眼见你慢慢倒地，怎么会摔坏呢，装腔作势罢了，这真可憎恶。车夫多事，也正是自讨苦吃，现在你自己想法子去。

　　车夫听了这老女人的话，却毫不踌躇，仍然搀着伊的臂膊，一步一步地向前走。我有些诧异，忙看前面，是一所巡警分驻所，大风之后，外面也不见人。这车夫扶着那老女人，便正是向那大门走去。

　　我这时突然感到一种异样的感觉，觉得他满身灰尘的后影，霎时高大了，而且愈走愈大，须仰视才见。而且他对于我，渐渐地又几乎变成一种威压，甚至于要榨出皮袍下面藏着的"小"来。

　　我的活力这时大约有些凝滞了，坐着没有动，也没想，直到看见分驻所里走出一个巡警，才下了车。

　　巡警走近我说，"你自己雇车罢，他不能拉你了。"

　　我不加思索地从外套袋里抓出一大把铜元，交给巡警，说，"请你给他……"

　　风全住了，路上还很静。我走着，一面想，几乎怕想到我自己。以前的事姑且搁起，这一大把铜元又是什么意思？奖他么？我还能裁判车夫么？我不能回答自己。

　　这事到了现在，还是时时记起。我因此也时时受苦痛的煎熬，努力地要想到我自己。几年来的文治武力，早如幼小时候所读过的"子曰诗云"一般，背不上半句了。独有这一件小事，却总是浮现在我眼前，有时反更分明，教我惭愧，催我自新，并且增长我的勇气和希望。

【生詞表】

1.	其間	其间	qíjiān	during that time
2.	耳聞目睹	耳闻目睹	ěrwénmùdǔ	what one sees and hears
3.	所謂	所谓	suǒwèi	so-called, what is called
4.	倘	倘	tǎng	if (書面語)
5.	有意義	有意义	yǒuyìyi	significant
6.	至今	至今	zhìjīn	to this day
7.	颳	刮	guā	to blow (wind)
8.	猛	猛	měng	fierce
9.	生計	生计	shēngjì	livelihood
10.	僱	雇	gù	to hire
11.	人力車	人力车	rénlìchē	pedicab, ricksha
12.	浮塵	浮尘	fúchén	floating dust
13.	潔白	洁白	jiébái	spotlessly white
14.	跌倒	跌倒	diēdǎo	to fall, to tumble
15.	破爛	破烂	pòlàn	tattered, worn-out
16.	伊	伊	yī	她
17.	橫截	横截	héngjié	to cross one's path
18.	扣上	扣上	kòushàng	to button up
19.	展開	展开	zhǎnkāi	to spread out, unfold
20.	兜著	兜着	dōuzhe	to wrap around
21.	栽筋斗	栽筋斗	zāijīndǒu	to turn a somersault (or 栽跟頭/栽跟头)
22.	頭破血流	头破血流	tóupòxuèliú	head wounded and blood flowing
23.	伏	伏	fú	to lie still face down on the ground
24.	料定	料定	liàodìng	to anticipate with certainty
25.	怪	怪	guài	to blame
26.	惹出是非	惹出是非	rěchūshìfēi	to stir up trouble
27.	誤	误	wù	to delay, to hold up (or 耽誤/耽误)
28.	毫不理會	毫不理会	háobùlǐhuì	to pay no attention
29.	摔	摔	shuāi	to fall, to tumble
30.	裝腔作勢	装腔作势	zhuāngqiāngzuòshì	to behave artificially and pretentiously

31.	可憎惡	可憎恶	kězèngwù	abominable, abhorrent
32.	自討苦吃	自讨苦吃	zìtǎokǔchī	to ask for trouble
33.	詫異	诧异	chàyì	to be surprised, to be astonished
34.	巡警	巡警	xúnjǐng	police, patrol officer
35.	分駐所	分驻所	fēnzhùsuǒ	post (old term)
36.	異樣	异样	yìyàng	unusual, peculiar
37.	灰塵	灰尘	huīchén	dust
38.	霎時	霎时	shàshí	in a split second
39.	仰視	仰视	yǎngshì	to look upwards
40.	威壓	威压	wēiyā	force, power
41.	皮袍	皮袍	pípáo	traditional fur coat
42.	凝滯	凝滞	níngzhì	no longer circulating freely, to coagulate
43.	不加思索	不加思索	bùjiāsīsuǒ	without thinking, without hesitation
44.	銅元	铜元	tóngyuán	copper coin (old currency)
45.	姑且	姑且	gūqiě	for the moment
46.	擱起	搁起	gēqǐ	to put aside
47.	獎	奖	jiǎng	to reward, to praise (or 獎勵/奖励)
48.	裁判	裁判	cáipàn	to judge
49.	煎熬	煎熬	jiān'áo	suffering, torment
50.	子曰詩云	子曰诗云	zíyuēshīyún	oft-quoted classics (literally, "sayings of Confucius and words from the Odes")
51.	浮現	浮现	fúxiàn	to appear before one's eyes
52.	分明	分明	fēnmíng	clear, distinct
53.	慚愧	惭愧	cánkuì	to be ashamed
54.	自新	自新	zìxīn	to make a fresh start
55.	增長	增长	zēngzhǎng	to increase, to rise
56.	勇氣	勇气	yǒngqì	courage

【重點句型與詞彙】

1. 其間耳聞目睹的<u>所謂</u>國家大事，算起來也很不少。

   所謂： so-called, what is called
   - 追求所謂的金錢、名利，都不過是爲了一時的滿足。
   - 這位所謂的政府代表其實是一個裝腔作勢的騙子。

2. 但有一件小事…使我<u>至今</u>忘記不得。

   至今： to this day
   - 自從曉秋離開老家後，至今也沒給在鄉下的父母寫一封信。
   - 我至今還清楚地記得母親責備我時那嚴厲的目光。

3. 我因爲生計關係，<u>不得不</u>一早在路上走。

   不得不： have to…, cannot but…, have no choice but to…
   - 因爲天氣的原因，這次運動會不得不改在下星期舉行。
   - 看到她如此傷心的樣子，老師不得不原諒了她。

4. <u>幸而</u>車夫早有點停步，<u>否則</u>她定要栽一個大筋斗。

   幸而…否則…： luckily…otherwise…
   - 幸而今天帶了地圖，否則我們只能在這山裏跟自己捉迷藏了。
   - 幸而你們早到了一步，否則事情就鬧得更嚴重了。

5. 我<u>料定</u>這老女人並沒有傷。

   料定： to anticipate with certainty
   - 我料定你會在這兒等我的。
   - 摔得那麼厲害，我料定這次比賽他不能參加了。

6. 車夫聽了這老女人的話，卻<u>毫不</u>躊躇。

   毫不： not at all, not even a little
   - 大家都毫不猶豫地舉起手來，爭著回答問題。
   - 別人都催他趕緊出發，他卻只是笑嘻嘻地看著大家，毫不著急的樣子。

7. (我)覺得他滿身灰塵的後影，<u>霎時</u>高大了。

   霎時： in a very short time, in a moment
   - 看著李潔如此自信的模樣，我霎時覺得她長大成熟了。
   - 一陣北風颳過來，天色霎時大變，車夫扣上棉衣，加快了腳步。

【重点句型与词汇】

1. 其间耳闻目睹的<u>所谓</u>国家大事，算起来也很不少。

　　所谓： so-called, what is called
   - 追求所谓的金钱、名利，都不过是为了一时的满足。
   - 这位所谓的政府代表其实是一个装腔作势的骗子。

2. 但有一件小事...使我<u>至今</u>忘记不得。

　　至今： to this day
   - 自从晓秋独自离开老家后，至今也没给在乡下的父母写一封信。
   - 我至今还清楚地记得母亲责备我时那严厉的目光。

3. 我因为生计关系，<u>不得不</u>一早在路上走。

　　不得不： have to…, cannot but…, have no choice but to…
   - 因为天气的原因，这次运动会不得不改在下星期举行。
   - 看到她如此伤心的样子，老师不得不原谅了她。

4. <u>幸而</u>车夫早有点停步，<u>否则</u>她定要栽一个大筋斗。

　　幸而...否则...： luckily…otherwise…
   - 幸而今天带了地图，否则我们只能在这山里跟自己捉迷藏了。
   - 幸而你们早到了一步，否则事情就闹得更严重了。

5. 我<u>料定</u>这老女人并没有伤。

　　料定： to anticipate with certainty
   - 我料定你会在这儿等我的。
   - 摔得那么厉害，我料定这次比赛他不能参加了。

6. 车夫听了这老女人的话，却<u>毫不</u>踌躇。

　　毫不： not at all, not even a little
   - 大家都毫不犹豫地举起手来，争着回答问题。
   - 别人都催他赶紧出发，他却只是笑嘻嘻地看着大家，毫不着急的样子。

7. 觉得他满身灰尘的后影，<u>霎时</u>高大了。

　　霎时： in a very short time, in a moment
   - 看着李洁如此自信的模样，我霎时觉得她长大成熟了。
   - 一阵北风刮过来，天色霎时大变，车夫扣上棉衣，加快了脚步。

【練習】

一、課堂討論題：

1. 作者魯迅是中國的一位偉大的文學家。請同學們在網上或圖書館裏查找一些有關他的生平和本文的寫作背景資料，並介紹給大家。

2. 作者在本文里描寫了一個什麼樣的"小人物"？

3. 文章中"我"是作者本人嗎？如果不是，那是什麼人？

4. 人力車撞倒那位老女人后，"我"爲什麼不想要車夫停下來？

5. 故事發生在民國哪一年？你知道那是公歷的哪一年嗎？

6. 文中的那件事發生時天氣如何？作者是在多少年以後才把此事寫出來的？作者爲什麼要把事件前後時間交代得這麼清楚？

7. 車夫爲什麼要幫助那位老女人？車夫的行爲代表了什麼高尚(gāoshàng: noble)的品德？

8. "我這時突然感到一種異樣的感覺，覺得他滿身灰塵的後影，霎時高大了，而且愈走愈大，須仰視才見"，作者爲什麼有這樣的感覺？

9. "要榨出皮袍下面藏的'小'"中的"小"指的是什麼？它與"小物"的"小"有什麼本質的不同？

10. "我還能裁判車夫麼？"作者爲什麼這樣想？

11. 作者爲什麼把很多國家大事都忘了，卻把這件小事記得那麼清楚？這件事對他有何影響？

12. 本文的開頭与結尾有什麼特點？

13. 請說出一些你認爲是高尚的行爲：

二、從括號裏選出一個正确的字：

1. 一(轉、傳)眼十年已經過去了，時間如飛。

2. 通過這件事，讓我看到自己的長處，(憎、增)長了自己的勇气。

3. 他是那麼精明的一個人，我(料、科)定他不會出事的。

4. (啦、拉)人力車的是個還沒成年的孩子呢！

5. 你長得眞快！去年買的大衣今年都穿不下了——你看，都(扣、口)不上了。

6. 早上如果沒有媽媽(催、摧)著上學，我一定會遲到的。

7. 因爲沒趕上公共汽車，所以(誤、吳)了開會這件大事。

8. 孩子一不小心，從椅子上(摔、率)了下來。

9. "老人家，路上車太多了，我(扶、夫)著您過馬路吧！"

10. 花生還可以用來(炸、榨)油。

【练习】

一、课堂讨论题：

1. 作者鲁迅是中国的一位伟大的文学家。请同学们在网上或图书馆里查找一些有关他的生平和本文的写作背景资料，并介绍给大家。

2. 作者在本文里描写了一个什么样的"小人物"？

3. 文章中"我"是作者本人吗？如果不是，那是什么人？

4. 人力车撞倒那位老女人后，"我"为什么不想要车夫停下来？

5. 故事发生在民国哪一年？你知道那是公历的哪一年吗？

6. 文中的那件事发生时天气如何？作者是在多少年以后才把此事写出来的？作者为什么要把事件前后时间交代得这么清楚？

7. 车夫为什么要帮助那位老女人？车夫的行为代表了什么高尚(gāoshàng: noble)的品德？

8. "我这时突然感到一种异样的感觉，觉得他满身灰尘的后影，霎时高大了，而且愈走愈大，须仰视才见"，作者为什么有这样的感觉？

9. "要榨出皮袍下面藏的'小'"中的"小"指的是什么？它与"小人物"的"小"有什么本质的不同？

10. "我还能裁判车夫么？"作者为什么这样想？

11. 作者为什么把很多国家大事都忘了，却把这件小事记得那么清楚？这件事对他有何影响？

12. 本文的开头与结尾有什么特点？

13. 请说出一些你认为是高尚的行为：

二、从括号里选出一个正确的字：

1. 一(转、传)眼十年已经过去了，时间如飞。

2. 通过这件事，让我看到自己的长处，(憎、增)长了自己的勇气。

3. 他是那么精明的一个人，我(料、科)定他不会出事的。

4. (啦、拉)人力车的是个还没成年的孩子呢！

5. 你长得真快！去年买的大衣今年都穿不下了——你看，都(扣、口)不上了。

6. 早上如果没有妈妈(催、摧)着上学，我一定会迟到的。

7. 因为没赶上公共汽车，所以(误、吴)了开会这件大事。

8. 孩子一不小心，从椅子上(摔、率)了下来。

9. "老人家，路上车太多了，我(扶、夫)着您过马路吧！"

10. 花生还可以用来(炸、榨)油。

三、看一看、想一想：

1. 本文是魯迅先生所寫的一篇小說。小說一般具有三大要素：人物、環境及情節。
請根據課文內容填寫下面的表格：

人物		
環境	時間	
	地點	
情節	發生原因	
	經過	
	結果	

2. 老女人被撞倒后，"我"和車夫有什麼不同反應？他們不同的言行反映了兩人品
德上有什麼差異？

	"我"	車夫
說話		
做事		
當時的想法		
反映出的品德		

四、小組活動：

1. 每三人一組，分別扮演文中的"我"、車夫和老婦，將這件小事的經過表演出來，
并將車夫和老婦到巡警分駐所後的情形也加入到你們的表演中。

三、看一看、想一想：

1.本文是鲁迅先生所写的一篇小说。小说一般具有三大要素：人物、环境及情节。请
　根据课文内容填写下面的表格：

人物		
环境	时间	
	地点	
情节	发生原因	
	经过	
	结果	

2. 老女人被撞倒后，"我"和车夫有什么不同反应？他们不同的言行反映了两人品
　德上有什么差异？

	"我"	车夫
说话		
做事		
当时的想法		
反映出的品德		

四、小组活动：

1.每三人一组，分别扮演文中的"我"、车夫和老妇，将这件小事的经过表演出来，
并将车夫和老妇到巡警分驻所后的情形也加入到你们的表演中。

2. 請說出一件你生活中發生過的難忘的事。要說出這件事的經過以及對你的影響。

五、請看意思寫出詞組（在本課文中出現過的），再用這些詞組造句：

1. 眼睛看到的，耳朵聽到的——

造句：＿＿＿＿＿＿＿＿＿＿＿＿＿＿＿＿＿＿＿＿＿＿＿＿＿＿。

2. 故意裝出一種腔調，做出一種樣子——

造句：＿＿＿＿＿＿＿＿＿＿＿＿＿＿＿＿＿＿＿＿＿＿＿＿＿＿。

3. 自己給自己找麻煩——

造句：＿＿＿＿＿＿＿＿＿＿＿＿＿＿＿＿＿＿＿＿＿＿＿＿＿＿。

4. 挑起是非，惹出麻煩——
造句：＿＿＿＿＿＿＿＿＿＿＿＿＿＿＿＿＿＿＿＿＿＿＿＿＿＿。

5. 因有缺點或犯了錯誤而感到不安——
造句：＿＿＿＿＿＿＿＿＿＿＿＿＿＿＿＿＿＿＿＿＿＿＿＿＿＿。

6. 吃惊，覺得十分奇怪——
造句：＿＿＿＿＿＿＿＿＿＿＿＿＿＿＿＿＿＿＿＿＿＿＿＿＿＿。

六、作文：

　　　　　我成長過程中的一件事
　　　　　要求：
　　　　　　　• 選擇一件親身經歷的事
　　　　　　　• 注意要交代時間、地點、事情的經過及當時的環境。

2.请说出一件你生活中发生过的难忘的事。要说出这件事的经过以及对你的影响。

五、请看意思写出词组(在本课文中出现过的)，再用这些词组造句：

1. 眼睛看到的，耳朵听到的——

造句：＿＿＿＿＿＿＿＿＿＿＿＿＿＿＿＿＿＿＿＿＿＿＿＿＿。

2. 故意装出一种腔调，做出一种样子——

造句：＿＿＿＿＿＿＿＿＿＿＿＿＿＿＿＿＿＿＿＿＿＿＿＿＿。

3. 自己给自己找麻烦——

造句：＿＿＿＿＿＿＿＿＿＿＿＿＿＿＿＿＿＿＿＿＿＿＿＿＿。

4. 挑起是非，惹出麻烦——
造句：＿＿＿＿＿＿＿＿＿＿＿＿＿＿＿＿＿＿＿＿＿＿＿＿＿。

5. 因有缺点或犯了错误而感到不安——
造句：＿＿＿＿＿＿＿＿＿＿＿＿＿＿＿＿＿＿＿＿＿＿＿＿＿。

6. 吃惊，觉得十分奇怪——
造句：＿＿＿＿＿＿＿＿＿＿＿＿＿＿＿＿＿＿＿＿＿＿＿＿＿。

六、作文：

　　✎ 我成长过程中的一件事

　　　　要求：

　　　　　　• 选择一件亲身经历的事

　　　　　　• 注意要交代时间、地点、事情的经过及当时的环境。

【寫作參考資料】

• 設問與反問：

本沒有疑問卻故意使用問句，以引起讀者的好奇心，讓讀者注意和思考，增強文章的說服力。設立問句的方法有兩種：設問和反問。

1. 設問：作者往往先假設一個問題，以此來引起讀者的注意，然后緊接著再把自己的答案寫出來，加深讀者的印象。

例如：

a) 你知道中國最有名的人是誰？提起此人，人人皆曉，處處聞名。他姓差，名不多，是各省各縣各村人氏。

b) 人生什麼事最苦呢？貧嗎？不是。失意嗎？不是。老嗎？死嗎？都不是。

c) 什麼事叫做大事呢？大概地說，無論哪一件事，只要從頭至尾徹底做成功，便是大事。

2. 反問：以問句的形式說明自己的觀點，不需要回答，答案一般就是問句的反面。

例如：

a) 而且我這樣大年紀的人，難道還不能料理自己麼？

b) 到了長大成人，那責任自然壓在你的肩頭上，如何能躲？

• 請將下列句子改寫成反問句：

1. 我每天那麼辛苦地工作，是為了多賺一些錢讓你們過上更好的生活。

2. 幫助別人是一種快樂，接受別人的幫助也是一種快樂。

3. 只要有信心，什麼事都能辦到。

4. 過去的都已經過去了，我們應該向前看。

5. 這麼簡單的問題，不用問我。

【写作参考资料】

- ## 設問與反問:

本没有疑问却故意使用问句,以引起读者的好奇心,让读者注意和思考,增强文章的说服力。

1. 设问: 作者往往先假设一个问题,以此来引起请者的注意,然后紧接着再把自己的答案写出来,加深读者的印象。

例如:

a) 你知道中国最有名的人是谁? 提起此人,人人皆晓,处处闻名。他姓差,名不多,是各省各县各村人氏。

b) 人生什么事最苦呢? 贫吗? 不是。失意吗? 不是。老吗? 死吗? 都不是。

c) 什么事叫做大事呢? 大概地说,无论哪一件事,只要从头至尾彻底做成功,便是大事。

2. 反问: 以问句的形式说明自己的观点,不需要回答,答案一般就是问句的反面。

例如:

a) 而且我这样大年纪的人,难道还不能料理自己麽?

b) 到了长大成人,那责任自然压在你的肩头上,如何能躲?

- ## 请将下列句子改写成反问句:

1. 我每天那么辛苦地工作,是为了多赚一些钱让你们过上更好的生活。

2. 帮助别人是一种快乐,接受别人的帮助也是一种快乐。

3. 只要有信心,什么事都能办到。

4. 过去的都已经过去了,我们应该向前看。

5. 这么简单的问题,不用问我。

第十課

孔乙己（上）

魯迅

　　魯鎮的酒店的格局，是和別處不同的：都是當街一個曲尺形的大櫃檯，櫃裏面預備著熱水，可以隨時溫酒。做工的人，傍午傍晚散了工，每每花四文銅錢，買一碗酒，——這是二十多年前的事，現在每碗要漲到十文，——靠櫃外站著，熱熱地喝了休息；倘肯多花一文，便可以買一碟鹽煮筍，或者茴香豆，做下酒物了，如果出到十幾文，那就能買一樣葷菜，但這些顧客，多是短衣幫，大抵沒有這樣闊綽。只有穿長衫的，才踱進店面隔壁的房子裏，要酒要菜，慢慢地坐著喝。

　　我從十二歲起，便在鎮口的咸亨酒店裏當夥計，掌櫃說，樣子太傻，怕侍候不了長衫主顧，就在外面做點事罷。外面的短衣主顧，雖然容易說話，但嘮嘮叨叨纏夾不清的也很不少。他們往往要親眼看著黃酒從壇子裏舀出，看過壺底裏有水沒有，又親看將壺子放在熱水裏，然後放心：在這嚴重監督之下，羼水也很為難。所以過了幾天，掌櫃又說我幹不了這事。幸虧薦頭的情面大，辭退不得，便改為專管溫酒的一種無聊職務了。

　　我從此便整天地站在櫃檯裏，專管我的職務。雖然沒有什麼失職，但總覺有些單調，有些無聊。掌櫃是一副凶臉孔，主顧也沒有好聲氣，叫人活潑不得；只有孔乙己到店，才可以笑幾聲，所以至今還記得。

　　孔乙己是站著喝酒而穿長衫的唯一的人。他身材很高大；青白臉色，皺紋間時常夾些傷痕；一把亂蓬蓬的花白的鬍子。穿的雖然是長衫，可是又髒又破，似乎十多年沒有補，也沒有洗了。他對人說話，總是滿口之乎者也，教人半懂

第十课
孔乙己(上)
鲁迅

鲁镇的酒店的格局，是和别处不同的：都是当街一个曲尺形的大柜台，柜里面预备着热水，可以随时温酒。做工的人，傍午傍晚散了工，每每花四文铜钱，买一碗酒，——这是二十多年前的事，现在每碗要涨到十文，——靠柜外站着，热热地喝了休息；倘肯多花一文，便可以买一碟盐煮笋，或者茴香豆，做下酒物了，如果出到十几文，那就能买一样荤菜，但这些顾客，多是短衣帮，大抵没有这样阔绰。只有穿长衫的，才踱进店面隔壁的房子里，要酒要菜，慢慢地坐着喝。

我从十二岁起，便在镇口的咸亨酒店里当伙计，掌柜说，样子太傻，怕侍候不了长衫主顾，就在外面做点事罢。外面的短衣主顾，虽然容易说话，但唠唠叨叨缠夹不清的也很不少。他们往往要亲眼看着黄酒从坛子里舀出，看过壶底里有水没有，又亲看将壶子放在热水里，然后放心：在这严重监督之下，羼水也很为难。所以过了几天，掌柜又说我干不了这事。幸亏荐头的情面大，辞退不得，便改为专管温酒的一种无聊职务了。

我从此便整天地站在柜台里，专管我的职务。虽然没有什么失职，但总觉有些单调，有些无聊。掌柜是一副凶脸孔，主顾也没有好声气，叫人活泼不得；只有孔乙己到店，才可以笑几声，所以至今还记得。

孔乙己是站着喝酒而穿长衫的唯一的人。他身材很高大；青白脸色，皱纹间时常夹些伤痕；一把乱蓬蓬的花白的胡子。穿的虽然是长衫，可是又脏又破，似乎十多年没有补，也没有洗了。他对人说话，总是满口之乎者也，教人半懂不懂的。因爲他姓孔，別人便從描紅紙上的"上大人孔乙己"這半懂不懂的話裏，替他取下一個綽號，叫作孔乙己。孔乙己一到店，所有喝酒的人便都看著他笑，有的叫道："孔乙己，你臉上又添上新傷疤了！"他不回答，對櫃裏說："溫兩碗酒，要一碟茴香豆。"便排出九文大錢。他們又故意地高聲嚷道：

"你一定又偷了人家的東西了！"孔乙己睜大眼晴說："你怎麼這樣憑空污人清白……" "什麼清白？我前天親眼見你偷了何家的書，吊著打。"孔乙己便漲紅了臉，額上的青筋條條綻出，爭辯道："竊書不能算偷……竊書！……讀書人的事，能算偷麼？"接著便是些難懂的話，什麼"君子固窮"，什麼"者乎"之類，引得眾人都哄笑起來：店內外充滿了快活的空氣。

　　聽人家背地裏談論，孔乙己原來也讀過書，但終於沒有考上秀才，又不會營生；於是愈過愈窮，弄到將要討飯了。幸而寫得一筆好字，便替人家鈔鈔書，換一碗飯吃。可惜他有一樣壞脾氣，便是好喝懶做。做不到幾天，便連人帶書籍紙張筆硯，一齊失蹤。如是幾次，叫他鈔書的人也沒有了。孔乙己沒法子，便免不了偶爾做些偷竊的事。但他在我們店裏，品行卻比別人都好，就是從不拖欠；雖然間或沒有現錢，暫時記在粉板上，但不出一個月，定然還清，從粉板上拭去了孔乙己的名字。

——待續(to be continued)

不懂的。因为他姓孔，别人便从描红纸上的"上大人孔乙己"这半懂不懂的话里，替他取下一个绰号，叫作孔乙己。孔乙己一到店，所有喝酒的人便都看着他笑，有的叫道："孔乙己，你脸上又添上新伤疤了！"他不回答，对柜里说："温两碗酒，要一碟茴香豆。"便排出九文大钱。他们又故意地高声嚷道：

"你一定又偷了人家的东西了！"孔乙己睁大眼晴说："你怎么这样凭空污人清白……""什么清白？我前天亲眼见你偷了何家的书，吊着打。"孔乙己便涨红了脸，额上的青筋条条绽出，争辩道："窃书不能算偷……窃书！……读书人的事，能算偷么？"接着便是些难懂的话，什么"君子固穷"，什么"者乎"之类，引得众人都哄笑起来：店内外充满了快活的空气。

听人家背地里谈论，孔乙己原来也读过书，但终于没有考上秀才，又不会营生；于是愈过愈穷，弄到将要讨饭了。幸而写得一笔好字，便替人家抄抄书，换一碗饭吃。可惜他有一样坏脾气，便是好喝懒做。做不到几天，便连人带书籍纸张笔砚，一齐失踪。如是几次，叫他抄书的人也没有了。孔乙己没法子，便免不了偶尔做些偷窃的事。但他在我们店里，品行却比别人都好，就是从不拖欠；虽然间或没有现钱，暂时记在粉板上，但不出一个月，定然还清，从粉板上拭去了孔乙己的名字。

——待续(to be continued)

【生詞表】

1. 格局	格局	géjú	layout
2. 當街	当街	dāngjiē	facing the street
3. 曲尺形	曲尺形	qūchǐxíng	right-angled shape
4. 櫃檯	柜台	guìtái	counter
5. 碟	碟	dié	dish (here used as a measure word)
6. 鹽煮筍	盐煮笋	yánzhǔsǔn	seasoned bamboo shoots
7. 茴香豆	茴香豆	huíxiāngdòu	aniseed-flavored beans
8. 葷菜	荤菜	hūncài	meat dish (as opposed to 素菜, vegetarian dish)
9. 闊綽	阔绰	kuòchuò	liberal in spending
10. 踱	踱	duó	to walk in measured steps
11. 隔壁	隔壁	gébì	next door
12. 傻	傻	shǎ	stupid, foolish
13. 侍候	侍候	shìhòu	attend to
14. 嘮叨	唠叨	láodāo	to go on and on about something, to nag
15. 纏夾不清	缠夹不清	chánjiābùqīng	getting things all mixed up
16. 壇子	坛子	tánzi	jar
17. 舀	舀	yǎo	to scoop out
18. 壺	壶	hú	kettle, pot
19. 羼水	羼水	chànshuǐ	to mix water into
20. 薦頭	荐头	jiàntóu	one who recommends another for a job (old term)
21. 辭退	辞退	cítuì	to fire someone
22. 無聊	无聊	wúliáo	boring, bored
23. 失職	失职	shīzhí	to neglect one's duty
24. 凶	凶	xiōng	fierce, ferocious
25. 臉孔	脸孔	liánkǒng	face
26. 沒有好聲氣	没有好声气	méiyǒu hǎo shēngqì	never (speak) in a kindly manner
27. 皺紋	皱纹	zhòuwén	wrinkle
28. 傷痕/傷疤	伤痕/伤疤	shānghén/shāngbā	scar, bruise
29. 亂蓬蓬	乱蓬蓬	luànpéngpéng	(hair) in a mess

30.	之乎者也	之乎者也	zhīhūzhéyě	pedantic terms, literary jargon
31.	描紅紙	描红纸	miáohóngzhǐ	Chinese character tracing paper
32.	綽號	绰号	chuòhào	nickname
33.	排出	排出	páichū	to place (coins) one at time
34.	嚷	嚷	rǎng	to shout, to make an uproar
35.	憑空	凭空	píngkōng	out of the void, without foundation
36.	污	污	wū	to blemish
37.	清白	清白	qīngbái	unsullied reputation
38.	吊	吊	diào	to hang
39.	青筋	青筋	qīngjīn	veins
40.	綻出	绽出	zhànchū	to burst
41.	爭辯	争辩	zhēngbiàn	to argue in one's own defense
42.	竊	窃	qiè	to steal (書面語)
43.	君子固窮	君子固穷	jūnzǐ gù qióng	出自《論語・衛靈公》。君子不會因貧困而改變高尚的品德
44.	哄笑	哄笑	hōngxiào	to burst into uproarious laughter
45.	背地裏	背地里	bèidìlǐ	behind one's back, privately
46.	秀才	秀才	xiùcai	title bestowed on one who passsed the county level imperial examination in the Ming and Qing dynasties
47.	營生	营生	yíngshēng	to earn a living
48.	鈔(鈔)書	抄(抄)书	chāo(chāo)shū	to transcribe books
49.	討飯	讨饭	tǎofàn	to beg for food
50.	好喝懶做	好喝懒做	hàohēlǎnzuò	to be fond of drinking and averse to work
51.	硯	砚	yàn	ink stone
52.	失蹤	失踪	shīzōng	to disappear
53.	品行	品行	pǐnxíng	conduct
54.	拖欠	拖欠	tuōqiàn	to be behind in payment
55.	間或	间或	jiànhuò	occasionally
56.	現錢	现钱	xiànqián	ready money, cash
57.	暫時	暂时	zànshí	temporarily
58.	粉板	粉板	fénbǎn	blackboard

【重點句型與詞彙】

1. 做工的人，傍午傍晚散了工，<u>每每</u>花四文銅錢。

    每每： often (stresses a regularity)
    - 大風過後，路上每每浮塵四起，有時連路面也看不清。
    - 梁天每每一考完大考，就如釋重負一般，一定要出去慶祝一下。

2. 他們往往要<u>親眼</u>看著黃酒從壇子裏舀出。

    親眼： with one's own eyes
    - 要不是親眼看見，簡直無法相信他是這樣一個品行高尚的人！
    - 每天要親眼看著兒子走進學校，父親才能放心。

3. 我<u>從</u>十二歲<u>起</u>，便在鎮口的咸亨酒店裏當夥計。

    從…起： starting from, since…
    - 從現在起，誰也不許在背地裏說別人的壞話。
    - 政府決定從明年起，將在本市重新使用人力車，以吸引更多遊客。

4. 他身材很高大；青白臉色，皺紋間<u>時常</u>夾些傷痕。

    時常： frequently
    - 難過時，要時常找人談談心，排解煩惱。
    - 這位裁判脾氣有點兒怪，時常對別人說的話毫不理會。

5. 接著便是些難懂的話…什麼"者乎"<u>之類</u>。

    …之類： things of that nature
    - 桌子上只能放教科書、筆、本子之類與學習有關的東西。電話、食品之類的東西，一律不准拿出來。
    - 別總是對人說什麼自己不行之類的話，這會讓你顯得沒有自信心。

6. 做不到幾天，便<u>連</u>人<u>帶</u>書籍紙張筆硯，一齊失蹤。

    連…帶…： with…and…; together, …and…
    - 因為來不及讓開道，他連人帶車一起倒在馬路中間。
    - 我們這一群人連老帶小一共二十多口。

7. 雖然<u>間或</u>沒有現錢，暫時記在粉板上，但不出一個月，定然還清。

    間或： occasionally
    - 孩子們在軟軟的草地上跑著、跳著，間或打兩個滾。
    - 那位病人默默地躺在床上，間或發出一聲嘆息。

【重点句型与词汇】

1. 做工的人，傍午傍晚散了工，<u>每每</u>花四文铜钱。

   每每： often (stresses a regularity)
   - 大风过后，路上每每浮尘四起，有时连路面也看不清。
   - 梁天每每一考完大考，就如释重负一般，一定要出去庆祝一下。

2. 他们往往要<u>亲眼</u>看着黄酒从坛子里舀出。

   亲眼： with one's own eyes
   - 要不是亲眼看见，简直无法相信他是这样一个品行高尚的人！
   - 每天要亲眼看着儿子走进学校，父亲才能放心。

3. 我<u>从</u>十二岁<u>起</u>，便在镇口的咸亨酒店里当伙计。

   从…起： starting from, since…
   - 从现在起，谁也不许在背地里说别人的坏话。
   - 政府决定从明年起，将在本市重新使用人力车，以吸引更多游客。

4. 他身材很高大；青白脸色，皱纹间<u>时常</u>夹些伤痕。

   时常： frequently
   - 难过时，要时常找人谈谈心，排解烦恼。
   - 这位裁判脾气有点儿怪，时常对别人说的话毫不理会。

5. 接著便是些难懂的话…什么"者乎"<u>之类</u>。

   …之类： things of that nature
   - 桌子上只能放教科书、笔、本子之类与学习有关的东西。电话、食品之类的东西，一律不准拿出来。
   - 别总是对人说什么自己不行之类的话，这会让你显得没有自信心。

6. 做不到几天，便<u>连</u>人<u>带</u>书籍纸张笔砚，一齐失踪。

   连…带…： with…and…; together, …and…
   - 因为来不及让开道，他连人带车一起倒在马路中间。
   - 我们这一群人连老带小一共二十多口。

7. 虽然<u>间或</u>没有现钱，暂时记在粉板上，但不出一个月，定然还清。

   间或： occasionally
   - 孩子们在软软的草地上跑着、跳着，间或打两个滚。
   - 那位病人默默地躺在床上，间或发出一声叹息。

【練習】

一、課堂討論題：

1. 魯鎮的酒店和別處有何不同？你認為文章前三段的主要目的是什麼？

2. 酒店有哪兩種客人？他們各有什麼不同的特點？孔乙己算是哪一類客人？

3. "我"是怎麼找到這份工作的？掌柜為什麼只決定給"我"一份無聊的職務？

4. 孔乙己有什麼与眾不同的地方？

5. 孔乙己是真名嗎？這個名字是怎麼來的？

6. 孔乙己臉上為什麼常帶有傷疤？他對別人的猜測有什麼反應？他為什麼有這種反應？

7. 孔乙己一到酒店，酒店里有些什麼變化？他為什麼給"我"留下那麼深刻的印象？

8. 作者以一個十幾歲的小夥計的角度來寫，為什麼？

9. "只有孔乙己到店，才可以笑幾聲"，孔乙己為什麼可笑？大家對他的笑是出於善意嗎？

10. 本文對孔乙己的内心活動做了直接的描寫嗎？為什麼？

11. 孔乙己會不會把酒錢拖欠得很久？為什麼？

12. 請根據課文中提供的信息，與小組同學一起畫出孔乙己人像素描(sketched portrait)。

二、課堂口語練習：

1、每兩位同學分成一組，在十分鐘内描述出大家都熟悉的人(如：同學、名人)的外貌、身材、性格等，然后説給全班同學听，請他們猜猜所描述的是誰。

2、現有A、B兩種選擇：A代表短衣幫客人；B代表穿長衫的客人。請各小組選擇A或B。選好後，各組必須用準確的語言，描述A或B客人走進咸亨酒店前後的情形。如他怎樣走進酒店，怎樣買酒，怎樣對待店内夥計以及其他客人等等。

三、看漢字、找部首：

例： 説(言)、眼(目)

茴(   )、論(   )、櫃(   )、聊(   )、綽(   )、哄(   )、臉(   )

踱(   )、闊(   )、備(   )、綻(   )、附(   )、略(   )、惋(   )

四、給下列各形似字注音并組詞。

例：描 miáo, 描紅紙   、   貓 māo, 花貓

【练习】

一、课堂讨论题:

1. 鲁镇的酒店和别处有何不同? 你认为文章前三段的主要目的是什么?

2. 酒店有哪两种客人? 他们各有什么不同的特点? 孔乙己算是哪一类客人?

3. "我"是怎么找到这份工作的? 掌柜为什么只决定给"我"一份无聊的职务?

4. 孔乙己有什么与众不同的地方?

5. 孔乙己是真名吗? 这个名字是怎么来的?

6. 孔乙己脸上为什么常带有伤疤? 他对别人的猜测有什么反应? 他为什么有这种反应?

7. 孔乙己一到酒店, 酒店里有些什么变化? 他为什么给"我"留下那么深刻的印象?

8. 作者以一个十几岁的小伙计的角度来写, 为什么?

9. "只有孔乙己到店, 才可以笑几声", 孔乙己为什么可笑? 大家对他的笑是出于善意吗?

10. 本文对孔乙己的内心活动做了直接的描写吗? 为什么?

11. 孔乙己会不会把酒钱拖欠得很久? 为什么?

12. 请根据课文中提供的信息, 与小组同学一起画出孔乙己人像素描(sketched portrait)。

二、课堂口语练习:

1、每两位同学分成一组, 在十分钟内描述出大家都熟悉的人(如: 同学、名人)的外貌、身材、性格等, 然后说给全班同学听, 请他们猜猜所描述的是谁。

2、现有A、B两种选择: A代表短衣帮客人; B代表穿长衫的客人。请各小组选择A或B。选好后, 各组必须用准确的语言, 描述A或B客人走进咸亨酒店前后的情形。如他怎样走进酒店, 怎样买酒, 怎样对待店内伙计以及其他客人等等。

三、看汉字、找部首:

例: 说(言) 、眼(目)

茴(　　)、论(　　)、柜(　　)、聊(　　)、绰(　　)、哄(　　)、脸(　　)

踱(　　)、阔(　　)、备(　　)、绽(　　)、附(　　)、略(　　)、惋(　　)

四、给下列各形似字注音并组词。

例: 描 miáo, 描红纸 　、　猫 māo, 花猫

　　1.亨_____　　2.踱_____　　3.碟_____　　4.綽_____　5.傍_____

　　　享_____　　　渡_____　　　蝶_____　　　掉_____　　榜_____

　　6.拭_____　　7.柱_____　　8.格_____　　9.職_____　10.倘_____

　　　試_____　　　汪_____　　　各_____　　　識_____　　　尚_____

五、根据課文所提供的資料填寫下表：

> # 孔乙己背景資料
>
> 姓名：_____　　　性別：_____　　　年齡：_____
>
> 生活年代：_____　　生活地點：_____　　愛好：_____
>
> 文化水平：_____
>
> 外貌特點：_____
>
> 語言特點：_____
>
> 生存方式：_____

六、作文：

　　✎　孔乙己眼中的"咸亨酒店"

　　　要求：

　　　　• 從孔乙己的角度描寫"咸亨酒店"的人與事

　　　　• 注意對孔乙己內心活動的描寫

1.亨＿＿＿＿＿　　2.踱＿＿＿＿＿　　3.碟＿＿＿＿＿　　4.绰＿＿＿＿＿　　5.傍＿＿＿＿＿

　享＿＿＿＿＿　　　渡＿＿＿＿＿　　　蝶＿＿＿＿＿　　　掉＿＿＿＿＿　　　榜＿＿＿＿＿

6.拭＿＿＿＿＿　　7.柱＿＿＿＿＿　　8.格＿＿＿＿＿　　9.职＿＿＿＿＿　　10.倘＿＿＿＿＿

　试＿＿＿＿＿　　　汪＿＿＿＿＿　　　各＿＿＿＿＿　　　识＿＿＿＿＿　　　尚＿＿＿＿＿

五、根据课文所提供的资料填写下表：

孔乙己背景资料

姓名：＿＿＿＿＿＿＿＿　　性别：＿＿＿＿＿＿＿＿　　年龄：＿＿＿＿＿＿＿＿

生活年代：＿＿＿＿＿＿＿　　生活地点：＿＿＿＿＿＿＿　　爱好：＿＿＿＿＿＿＿

文化水平：＿＿＿＿＿＿＿＿＿＿＿＿＿＿＿＿＿＿＿＿＿＿＿＿＿＿＿＿＿＿＿＿＿＿＿＿＿＿＿

外貌特点：＿＿＿＿＿＿＿＿＿＿＿＿＿＿＿＿＿＿＿＿＿＿＿＿＿＿＿＿＿＿＿＿＿＿＿＿＿＿＿

语言特点：＿＿＿＿＿＿＿＿＿＿＿＿＿＿＿＿＿＿＿＿＿＿＿＿＿＿＿＿＿＿＿＿＿＿＿＿＿＿＿

生存方式：＿＿＿＿＿＿＿＿＿＿＿＿＿＿＿＿＿＿＿＿＿＿＿＿＿＿＿＿＿＿＿＿＿＿＿＿＿＿＿

六、作文：

　　✍ 孔乙己眼中的"咸亨酒店"

　　　　要求：

　　　　　　• 从孔乙己的角度描写"咸亨酒店"的人与事

　　　　　　• 注意对孔乙己内心活动的描写

【寫作參考資料】

• 誇張：

有意地把某一事物的某個特徵夸大或縮小，以突出作者對該事物的強烈情感，加強讀者的印象。

例如：

1. "蜀道之難，難於上青天。"(李白《蜀道難》)

古時，登上天是完全不可能的事。這裏將蜀道的難走，誇張到比上天還難。

2. "該做的事沒有做完，便像是有幾千斤重的擔子壓在肩頭，再苦是沒有的了。"
(梁啟超《最苦與最樂》)

沒有人能挑得起千斤重的擔子。用這樣的誇張手法，突出了責任的重大。

3. "一個渾身黑色的人，站在老拴面前，眼光正像兩把刀，刺得老拴縮小了一半。"
　(魯迅《藥》)

這句話中既用了比喻又用了誇張的手法，突出了老栓受驚嚇的程度。

• 運用誇張手法完成下面的句子：

1. 滿天的星星又大又亮，_____

_____ 。

2. 他走路時總是彎著腰，低著頭，小心謹慎的樣子，_____

_____ 。

【写作参考资料】

• 誇張：

有意地把某一事物的某个特徵夸大或缩小，以突出作者对该事物的强烈情感，加强读者的印象。

例如：

1. "蜀道之难，难於上青天。"（李白《蜀道难》）

古时，登上天是完全不可能的事。这里将蜀道的难走，夸张到比上天还难。

2. "该做的事没有做完，便像是有几千斤重的担子压在肩头，再苦是没有的了。"
（梁启超《最苦与最乐》）

没有人能挑得起千斤重的担子。用这样的夸张手法，突出了责任的重大。

3. "一个浑身黑色的人，站在老拴面前，眼光正像两把刀，刺得老拴缩小了一半。"
（鲁迅《药》）

这句话中既用了比喻又用了夸张的手法，突出了老栓受惊吓的程度。

• 运用夸张手法完成下面的句子：

1. 满天的星星又大又亮，_____

_____。

2. 他走路时总是弯着腰，低着头，小心谨慎的样子，_____

_____。

第十一課

孔乙己（下）
魯迅

　　孔乙己喝過半碗酒，漲紅的臉色漸漸<u>復了原</u>，旁人便又問道：“孔乙己，你<u>當真</u>認識字麼？”孔乙己看著問他的人，顯出<u>不屑置辯</u>的神氣。他們便接著說道：“你怎麼連半個秀才也撈不到呢？”孔乙己立刻顯出<u>頹唐</u>不安的模樣，臉上籠上了一層灰色，嘴裏說些話；這回可全是之乎者也之類，有些聽不懂了。在這時候，眾人也都哄笑起來：店內外<u>充滿</u>了快活的空氣。

　　在這些時候，我可以<u>附和</u>著笑，掌櫃是絕不責備的。而且掌櫃見了孔乙己，也每每這樣問他，引人發笑。孔乙己自己知道不能和他們談天，便只好向孩子說話。有一回對我說道：“你讀過書麼？”我略略點一點頭。他說：“讀過書，……我便考你一考。茴香豆的茴字，怎樣寫的？”我想，討飯一樣的人，也<u>配</u>考我麼？便回過臉去，不再理會。孔乙己等了許久，很<u>懇切</u>地說道：“不能寫罷？……我教給你，記著！這些字應該記著。將來做掌櫃的時候，寫賬要用。”我暗想我和掌櫃的<u>等級</u>還很遠呢，而且我們掌櫃也從不將茴香豆寫上賬；又好笑，又<u>不耐煩</u>，懶懶地答他道：“誰要你教，不是草頭底下一個來回的回字麼？”孔乙己顯出極高興的樣子，將兩個指頭的長指甲敲著櫃檯，點頭說：“對呀對呀！……回字有四樣寫法，你知道麼？”我愈不耐煩了，<u>努著嘴</u>走遠。孔乙己剛用指甲<u>蘸</u>了酒，想在櫃上寫字，見我毫不熱心，便又歎一口氣，顯出極<u>惋惜</u>的樣子。

　　有幾回，<u>鄰舍</u>孩子聽到笑聲，也<u>趕熱鬧</u>，<u>圍住</u>了孔乙己。他便給他們茴香豆吃，一人一顆。孩子吃完豆，仍然不散，眼睛都望著碟子。孔乙己著了慌，

第十一课

孔乙己（下）

鲁迅

　　孔乙己喝过半碗酒，涨红的脸色渐渐复了原，旁人便又问道："孔乙己，你当真认识字么？"孔乙己看着问他的人，显出不屑置辩的神气。他们便接着说道："你怎么连半个秀才也捞不到呢？"孔乙己立刻显出颓唐不安的模样，脸上笼上了一层灰色，嘴里说些话；这回可全是之乎者也之类，有些听不懂了。在这时候，众人也都哄笑起来：店内外充满了快活的空气。

　　在这些时候，我可以附和着笑，掌柜是绝不责备的。而且掌柜见了孔乙己，也每每这样问他，引人发笑。孔乙己自己知道不能和他们谈天，便只好向孩子说话。有一回对我说道："你读过书么？"我略略点一点头。他说："读过书，……我便考你一考。茴香豆的茴字，怎样写的？"我想，讨饭一样的人，也配考我么？便回过脸去，不再理会。孔乙己等了许久，很恳切地说道："不能写罢？……我教给你，记着！这些字应该记着。将来做掌柜的时候，写账要用。"我暗想我和掌柜的等级还很远呢，而且我们掌柜也从不将茴香豆写上账；又好笑，又不耐烦，懒懒地答他道："谁要你教，不是草头底下一个来回的回字么？"孔乙己显出极高兴的样子，将两个指头的长指甲敲着柜台，点头说："对呀对呀！……回字有四样写法，你知道么？"我愈不耐烦了，努着嘴走远。孔乙己刚用指甲蘸了酒，想在柜上写字，见我毫不热心，便又叹一口气，显出极惋惜的样子。

　　有几回，邻舍孩子听到笑声，也赶热闹，围住了孔乙己。他便给他们茴香豆吃，一人一颗。孩子吃完豆，仍然不散，眼睛都望着碟子。孔乙己着了慌，伸開五指將碟子罩住，彎腰下去說道："不多了，我已經不多了。"直起身又看一看豆，自己搖頭說："不多不多！多乎哉？不多也。"於是這一群孩子都在笑聲裏走散了。

孔乙己是這樣地使人快活，可是沒有他，別人也便這麼過。

有一天，大約是中秋前的兩三天，掌櫃正在慢慢地結賬，取下粉板，忽然說："孔乙己很久沒有來了。還欠十九個錢呢！"我才也覺得他的確很久沒有來了。一個喝酒的人說道："他怎麼會來？……他被打折了腿了。"掌櫃說："哦！""他總仍舊是偷。這一回，是自己發昏，竟偷到丁舉人家裏去了。他家的東西，偷得的麼？""後來怎麼樣？""怎麼樣？先寫服辯，後來是打，打了大半夜，再打折了腿。""後呢？""後來打折了腿了。""打折了怎樣呢？""怎樣？……誰曉得？也許是死了。"掌櫃也不再問，仍然慢慢地算他的賬。

中秋過後，秋風是一天比一天涼，眼看將近初冬；我整天地靠著火，也須穿上棉襖了。一天的下半天，沒有一個顧客，我正合了眼坐著。忽然間聽得一個聲音："溫一碗酒。"這聲音雖然極低，卻很耳熟。看時又完全沒有人。站起來向外一望，那孔乙己便在櫃檯下對著門檻坐著。他臉上黑而且瘦，已經不成樣子；穿一件破夾襖，盤著兩腿，下面墊一個蒲包，用草繩在肩上掛住；見了我，又說道："溫一碗酒。"掌櫃也伸出頭去，一面說："孔乙己麼？你還欠十九個錢呢！"孔乙己很頹唐地仰面答道："這……下回還清罷。這一回是現錢，酒要好。"掌櫃仍然同平常一樣，笑著對他說："孔乙己，你又偷東西了！"但他這回卻不十分分辯，單說了一句"不要取笑！""取笑？要是不偷，怎麼會打斷腿？"孔乙己低聲說道："跌斷，跌，跌……"他的眼色，很

伸开五指将碟子罩住，弯腰下去说道："不多了，我已经不多了。"直起身又看一看豆，自己摇头说："不多不多！多乎哉？不多也。"于是这一群孩子都在笑声里走散了。

孔乙己是这样地使人快活，可是没有他，别人也便这么过。

有一天，大约是中秋前的两三天，掌柜正在慢慢地结账，取下粉板，忽然说："孔乙己很久没有来了。还欠十九个钱呢！"我才也觉得他的确很久没有来了。一个喝酒的人说道："他怎么会来？……他被打折了腿了。"掌柜说："哦！""他总仍旧是偷。这一回，是自己发昏，竟偷到丁举人家里去了。他家的东西，偷得的么？""后来怎么样？""怎么样？先写服辩，后来是打，打了大半夜，再打折了腿。""后呢？""后来打折了腿了。""打折了怎样呢？""怎样？……谁晓得？也许是死了。"掌柜也不再问，仍然慢慢地算他的账。

中秋过后，秋风是一天比一天凉，眼看将近初冬；我整天地靠着火，也须穿上棉袄了。一天的下半天，没有一个顾客，我正合了眼坐着。忽然间听得一个声音："温一碗酒。"这声音虽然极低，却很耳熟。看时又完全没有人。站起来向外一望，那孔乙己便在柜台下对着门槛坐着。他脸上黑而且瘦，已经不成样子；穿一件破夹袄，盘着两腿，下面垫一个蒲包，用草绳在肩上挂住；见了我，又说道："温一碗酒。"掌柜也伸出头去，一面说："孔乙己么？你还欠十九个钱呢！"孔乙己很颓唐地仰面答道："这……下回还清罢。这一回是现钱，酒要好。"掌柜仍然同平常一样，笑着对他说："孔乙己，你又偷东西了！"但他这回却不十分分辩，单说了一句"不要取笑！""取笑？要是不偷，怎么会打断腿？"孔乙己低声说道："跌断，跌，跌……"他的眼色，很像懇求掌櫃，不要再提。此時已經聚集了幾個人，便和掌櫃都笑了。我溫了酒，端出去，放在門檻上。他從破衣袋裏摸出四文大錢，放在我手裏，見他滿手是泥，原來他是用這手走來的。不一會，他喝完酒，便又在旁人的説笑聲中，坐著用這手慢慢走去了。

從此以後，又很久沒有看見孔乙己了。到了年關，掌櫃取下粉板説："孔乙己還欠十九個錢呢！"到第二年的端午，又説"孔乙己還欠十九個錢呢！"到中秋可是沒有説，再到年關也沒有看見他。

我到現在終於沒有再見到他——大約孔乙己的確死了。

像恳求掌柜，不要再提。此时已经聚集了几个人，便和掌柜都笑了。我温了酒，端出去，放在门槛上。他从破衣袋里摸出四文大钱，放在我手里，见他满手是泥，原来他是用这手走来的。不一会，他喝完酒，便又在旁人的说笑声中，坐着用这手慢慢走去了。

从此以后，又很久没有看见孔乙己了。到了年关，掌柜取下粉板说："孔乙己还欠十九个钱呢！"到第二年的端午，又说"孔乙己还欠十九个钱呢！"到中秋可是没有说，再到年关也没有看见他。

我到现在终于没有再见到他——大约孔乙己的确死了。

【生詞表】

1.	復原	复原	fùyuán — to return to normal
2.	當眞	当真	dàngzhēn — honestly, really
3.	不屑置辯	不屑置辩	búxièzhìbiàn — unwilling to put forth arguments in one's own defense
4.	頹唐	颓唐	tuítáng — dejected
5.	充滿	充满	chōngmǎn — full of, brimming with
6.	附和	附和	fùhé — to echo
7.	略略	略略	lüèlüè — briefly, slightly
8.	配	配	pèi — to be qualified
9.	懇切	恳切	kěnqiè — earnestly, sincerely
10.	暗想	暗想	ànxiǎng — to think to oneself
11.	等級	等级	děngjí — rank, class
12.	不耐煩	不耐烦	búnàifán — impatient
13.	指甲	指甲	zhǐjia — fingernails
14.	努(著)嘴	努(着)嘴	nǔ(zhe)zuǐ — to pout one's lips
15.	蘸	蘸	zhàn — to dip (in liquid)
16.	惋惜	惋惜	wǎnxī — to sympathize with
17.	鄰舍	邻舍	línshè — neighbor
18.	趕熱鬧	赶热闹	gǎnrènào — to join in the fun
19.	圍住	围住	wéizhù — to surround
20.	著(了)慌	着(了)慌	zháo(le)huāng — to become flustered, to be thrown into a panic
21.	彎腰	弯腰	wānyāo — to bend down
22.	結賬	结账	jiézhàng — to settle an account, to pay a bill
23.	折	折	shé — broken
24.	仍舊	仍旧	réngjiù — still, yet
25.	發昏	发昏	fāhūn — to lose one's mind
26.	舉人	举人	jǔrén — title bestowed on one who passed the provincial level imperial examination in the Ming and Qing dynasties
27.	服辯	服辩	fúbiàn — confession

28.	棉襖	棉袄	mián'ǎo	cotton-padded jacket
29.	門檻	门槛	ménkǎn	doorsill
30.	盤…腿	盘…腿	pán…tuǐ	to cross one's legs
31.	墊	垫	diàn	to raise sth. or make it level by putting sth. under it
32.	蒲包	蒲包	púbāo	straw seat cushion
33.	草繩	草绳	cǎoshéng	straw rope
34.	分辩	分辩	fēnbiàn	to defend oneself, to offer an explanation
35.	取笑	取笑	qǔxiào	to make fun of
36.	眼色	眼色	yǎnsè	hint given with the eyes, meaningful glance
37.	聚集	聚集	jùjí	to assemble, to gather together
38.	端	端	duān	to hold sth. level with one's hands
39.	年關	年关	niánguān	the end of the year (formerly time for settling accounts)
40.	端午	端午	duānwǔ	the Dragon Boat Festival

【重點句型與詞彙】

1. 你<u>當真</u>認識字麼？

當真： is it really that, really, honestly
- 你說朱銅的品行有問題，這話當真？
- 大姨在電話裏說這個端午節要來和我們一起過，她當真就來了。

2. 你怎麼<u>連</u>半個秀才<u>也</u>撈不到呢？

連…也/都…： even (including)
- 霎時，那男人詫異得連一句話也說不出來。
- 看來這趟出國旅行讓他身心得到了極大的放鬆，他好像又精神抖擻起來了，連臉上的皺紋也沒了。

3. 店內外<u>充滿</u>了快活的空氣。

充滿： full of, brimming with
- 這封來信充滿了年青人對未來的美好希望。
- 春天一到，天上滿是風箏，到處充滿了孩子們的笑聲。

4. 在這些時候，我可以附和著笑，掌櫃是<u>絕不</u>責備的。

絕不： absolutely not
- 無論這種工作多無聊，也絕不許上班時間打私人電話。
- 雖然小白家非常闊綽，可是她絕不伸手向家裏要一分錢。

5. 討飯一樣的人，也<u>配</u>考我麼？

配： to be qualified, to deserve to
- 你以為你是誰？也配教訓我？
- 這種沒有責任感的人不配當我們的代表。

6. 他總<u>仍舊</u>是偷。

仍舊： still, yet
- 別人說話時，他老愛插嘴。我跟他說過多少次了，他仍舊不改。
- 花開了又謝了，蜜蜂們仍舊不肯離去。

7. 中秋過後，秋風是一天比一天涼，<u>眼看</u>將近初冬…

眼看： soon, in a moment
- 眼看火車就要開了，趕緊催催她們吧！要不然就會誤了大事。
- 眼看就要畢業了，你預備什麼時候才開始找工作啊？

【重点句型与词汇】

1. 你<u>当真</u>认识字么？

   当真： is it really that, really, honestly
   - 你说朱铜的品行有问题，这话当真？
   - 大姨在电话里说这个端午节要来和我们一起过，她当真就来了。

2. 你怎么<u>连</u>半个秀才<u>也</u>捞不到呢？

   连…也/都…： even (including)
   - 霎时，那男人诧异得连一句话也说不出来。
   - 看来这趟出国旅行让他身心得到了极大的放松，他好像又精神抖擞起来了，连脸上的皱纹也没了。

3. 店内外<u>充满</u>了快活的空气。

   充满： full of, brimming with
   - 这封来信充满了年青人对未来的美好希望。
   - 春天一到，天上满是风筝，到处充满了孩子们的笑声。

4. 在这些时候，我可以附和着笑，掌柜是<u>绝不</u>责备的。

   绝不： absolutely not
   - 无论这种工作多无聊，也绝不许上班时间打私人电话。
   - 虽然小白家非常阔绰，可是她绝不伸手向家里要一分钱。

5. 讨饭一样的人，也<u>配</u>考我么？

   配： to be qualified, to deserve to
   - 你以为你是谁？也配教训我？
   - 这种没有责任感的人不配当我们的代表。

6. 他总<u>仍旧</u>是偷。

   仍旧： still, yet
   - 别人说话时，他老爱插嘴。我跟他说过多少次了，他仍旧不改。
   - 花开了又谢了，蜜蜂们仍旧不肯离去。

7. 中秋过后，秋风是一天比一天凉，<u>眼看</u>将近初冬…

   眼看： soon, in a moment
   - 眼看火车就要开了，赶紧催催她们吧！要不然就会误了大事。
   - 眼看就要毕业了，你预备什么时候才开始找工作啊？

【練習】

一、課堂討論題：

1. 大家認為孔乙己沒考上秀才的原因是什麼？你同意嗎？

2. 孔乙己性格中既有善良熱心的一面，也有死要面子的一面。請就這兩方面舉例說明。

3. 這位小夥計對待孔乙己的態度是怎樣的？能從哪些地方看出來？

4. 大家問什麼樣的問題會使孔乙己感到不安？

5. 全文中，作者使用了哪四種顏色來描寫孔乙己臉色的變化？

6. 孔乙己臉上表情變化也很多，請舉幾個例子來說明。

7. 在文章中，有兩個段落整段只有一句話，是哪兩段？有什麼特別的作用？

8. 本文中幾次出現"店內外充滿了快活的空氣"？你認為作者這樣寫的用意是什麼？

9. 孔乙己能給咸亨酒店的人帶來極大的快活，可是他自己快活嗎？為什麼？

10. "孔乙己是這樣的使人快活，可是沒有他，別人也便這麼過"，這句話說明孔乙己在人們心中有怎樣的地位？

11. "大約孔乙己的確死了"這句話中的"大約"與"的確"是兩個矛盾的詞語，為什麼作者要這樣使用？

12. 你認為孔乙己的悲劇是由誰造成的？

二、從括號中選出一個正确的字：

1. 孔乙己是站著喝酒而穿長衫的(惟、唯)一的人。

2. 你怎麼這樣憑空污人(清、青)白？

3. 大家替他取下一個(錯、綽)號，叫作孔乙己。

4. 店內外(沖、充)滿了快活的空氣。

5. 在這些時候，我可以(付、附)和著笑，掌櫃是絕不(擇、責)備的。

6. 孔乙己等了許久，很(肯、懇)切地說道…

7. 他見我(毫、豪)不熱心，便又歎一口氣，顯出極(碗、惋)惜的樣子。

8. 有幾回，鄰舍孩子聽到笑聲，也(趕、稈)熱鬧，(圍、偉)住了孔乙己。

9. 孔乙己還(次、欠)十九個錢呢！

10. 這聲音雖然極低，卻很耳(熟、孰)。

三、是非題：

1. 魯鎮的酒店有自己的特點。(　)

2. 咸亨酒店一般有兩種客人：短衣幫和穿長衫的。(　)

【练习】

一、课堂讨论题：

1. 大家认为孔乙己没考上秀才的原因是什么？你同意吗？

2. 孔乙己性格中既有善良热心的一面，也有死要面子的一面。请就这两方面举例说明。

3. 这位小伙计对待孔乙己的态度是怎样的？能从哪些地方看出来？

4. 大家问什么样的问题会使孔乙己感到不安？

5. 全文中，作者使用了哪四种颜色来描写孔乙己脸色的变化？

6. 孔乙己脸上表情变化也很多，请举几个例子来说明。

7. 在文章中，有两个段落整段只有一句话，是哪两段？有什么特别的作用？

8. 本文中几次出现"店内外充满了快活的空气"？你认为作者这样写的用意是什么？

9. 孔乙己能给咸亨酒店的人带来极大的快活，可是他自己快活吗？为什么？

10. "孔乙己是这样的使人快活，可是没有他，别人也便这么过"，这句话说明孔乙己在人们心中有怎样的地位？

11. "大约孔乙己的确死了"这句话中的"大约"与"的确"是两个矛盾的词语，为什么作者要这样使用？

12. 你认为孔乙己的悲剧是由谁造成的？

二、从括号中选出一个正确的字：

1. 孔乙己是站着喝酒而穿长衫的(惟、唯)一的人。

2. 你怎么这样凭空污人(清、青)白？

3. 大家替他取下一个(错、绰)号，叫作孔乙己。

4. 店内外(冲、充)满了快活的空气。

5. 在这些时候，我可以(付、附)和着笑，掌柜是绝不(择、责)备的。

6. 孔乙己等了许久，很(肯、恳)切地说道…

7. 他见我(毫、豪)不热心，便又叹一口气，显出极(碗、惋)惜的样子。

8. 有几回，邻舍孩子听到笑声，也(赶、秆)热闹，(围、伟)住了孔乙己。

9. 孔乙己还(次、欠)十九个钱呢！

10. 这声音虽然极低，却很耳(熟、孰)。

三、是非题：

1. 鲁镇的酒店有自己的特点。（　）

2. 咸亨酒店一般有两种客人：短衣帮和穿长衫的。（　）

3. 茴香豆是一樣葷菜。(　)

4. "我"覺得自己的工作非常有意思。(　)

5. 掌櫃說了好幾次"孔乙己很久沒有來了"，因爲他有些想念孔乙己。(　)

6. 酒店里的人都十分尊敬孔乙己。(　)

7. 酒店的掌櫃是個很誠實的人。(　)

8. 孔乙己想教我識字時，我也很想跟他學。(　)

9. 孔乙己本來不姓孔。(　)

10. 竊書不算偷東西。(　)

11. 酒店老闆常在粉板上寫欠酒錢人的名字。(　)

12. 魯鎮上的人說話也總是滿口"之乎者也"。(　)

13. 孔乙己一般不拖欠酒錢。(　)

14. 中秋節在端午節之後。(　)

四、看一看、想一想：

1. 本文除了主人公孔乙己以外，還出現了幾個/種人物。請你將他們的特點寫出來：

	小夥計	掌櫃	其他客人
特點			

2. 孔乙己在文中第一次與最後一次的出現有何變化？請作一個比較：

	臉色	衣著	說話
第一次			
最後一次			

3. 茴香豆是一样荤菜。（　）

4. "我"觉得自己的工作非常有意思。（　）

5. 掌柜说了好几次"孔乙己很久没有来了"，因为他有些想念孔乙己。（　）

6. 酒店里的人都十分尊敬孔乙己。（　）

7. 酒店的掌柜是个很诚实的人。（　）

8. 孔乙己想教我识字时，我也很想跟他学。（　）

9. 孔乙己本来不姓孔。（　）

10. 窃书不算偷东西。（　）

11. 酒店老板常在粉板上写欠酒钱人的名字。（　）

12. 鲁镇上的人说话也总是满口"之乎者也"。（　）

13. 孔乙己一般不拖欠酒钱。（　）

14. 中秋节在端午节之后。（　）

四、看一看、想一想：

1. 本文除了主人公孔乙己以外，还出现了几个/种人物。请你将他们的特点写出来：

	小黟计	掌柜	其他客人
特点			

2. 孔乙己在文中第一次与最后一次的出现有何变化？请作一个比较：

	脸色	衣着	说话
第一次			
最後一次			

五、把下列詞語按要求分類：

清秀	健壯	花白	苗條
水汪汪	馬虎	自信	漲紅
害羞	亂蓬蓬	和氣	嚴厲
黑瘦	油亮	白里透紅	成熟
笑嘻嘻	赤裸裸	肥胖	得意
丰滿	懇切	高大	瘦弱
青白	凶	瓜子臉	活潑

1. 描寫臉部的詞語：_____

2. 描寫身体的詞語：_____

3. 描寫頭髮的詞語：_____

4. 描寫眼睛的詞語：_____

5. 描寫態度與性情的詞語：_____

六、作文：

　　✎　孔乙己的前半生

　　　　要求：

　　　　　　• 模仿本文的風格

　　　　　　• 描寫孔乙己的外表、穿著、行為舉止、語言時，要注意符合他所處的
　　　　　　　時代特徵

　　　　　　• 注意人物的對話和心理描寫

五、把下列词语按要求分类：

清秀	健壮	花白	苗条
水汪汪	马虎	自信	涨红
害羞	乱蓬蓬	和气	严厉
黑瘦	油亮	白里透红	成熟
笑嘻嘻	赤裸裸	肥胖	得意
丰满	恳切	高大	瘦弱
青白	凶	瓜子脸	活泼

1. 描写脸部的词语：＿＿＿＿＿＿＿＿＿＿＿＿＿＿＿＿＿＿＿

2. 描写身体的词语：＿＿＿＿＿＿＿＿＿＿＿＿＿＿＿＿＿＿＿

3. 描写头发的词语：＿＿＿＿＿＿＿＿＿＿＿＿＿＿＿＿＿＿＿

4. 描写眼睛的词语：＿＿＿＿＿＿＿＿＿＿＿＿＿＿＿＿＿＿＿

5. 描写态度与性情的词语：＿＿＿＿＿＿＿＿＿＿＿＿＿＿＿＿＿

六、作文：

✎ 孔乙己的前半生

要求：

• 模仿本文的风格

• 描写孔乙己的外表、穿着、行为举止、语言时，要注意符合他所处的

时代特征

• 注意人物的对话和心理描写

【寫作參考資料】

● 長句與短句：

句子有長有短。同樣的意思，既可以用長句子來表達，也可以用短句子表達，這要根據文章的需要。長句指的是字數比較多，結構比較複雜的句子；短句指的是字數少，結構簡單的句子。長句與短句各有優點，能分別達到不同效果。作者可根據需要，將長句與短句結合起來使用。

● 長句：因為使用較多的修飾成份，表達准確、嚴密。

例如：

昨日，美國眾議院一致通過了關於總統提出的在近期內加強公共場所安全檢查以便有效制止恐怖分子破壞的決議。

● 短句：句子短小，簡潔，具有跳躍性，有強烈的節奏感，適合表達輕快、活潑的主題。也能夠表達緊張的情緒，表達事物的快速變化。

例如：

1. 小草偷偷地從土裏鑽出來，嫩嫩的，綠綠的，園子裏，田野，瞧去，一大片一大片滿是的。坐著，躺著，打兩個滾，踢幾腳球，賽幾趟跑，捉幾回迷藏。風輕悄悄的，草綿軟軟的。(朱自清《春》)
2. 忽然雙手賽一對白鳥，上下疾飛，疾如閃電，只聽"嚓、嚓"，不等病人覺疼，斷骨就接上了。(馮驥才《蘇七塊》)

● 請將下列的幾個短句改成一句長句：

他坐在長椅上。

他一言不發。

長椅是冷冰冰的。

● 請將下列的長句改成短句，加快句子的節奏：

小張猛地把手上正在看的書放在屋子裏唯一的桌子上並大步地走出自己房間。

【写作参考资料】

• 長句與短句:

句子有长有短。同样的意思,既可以用长句子来表达,也可以用短句子表达,这要根据文章的需要。长句指的是字数比较多,结构比较复杂的句子;短句指的是字数少,结构简单的句子。长句与短句各有优点,能分别达到不同效果。作者可根据需要,将长句与短句结合起来使用。

• 长句: 因为使用较多的修饰成份,表达准确、严密。

例如:

昨日,美国众议院一致通过了关於总统提出的在近期内加强公共场所安全检查以便有效制止恐怖分子破坏的决议。

• 短句: 句子短小,简洁,具有跳跃性,有强烈的节奏感,适合表达轻快、活泼的主题。也能够表达紧张的情绪,表达事物的快速变化。

例如:

1. 小草偷偷地从土里钻出来,嫩嫩的,绿绿的,园子里,田野,瞧去,一大片一大片满是的。坐着,躺着,打两个滚,踢几脚球,赛几趟跑,捉几回迷藏。风轻悄悄的,草绵软软的。(朱自清《春》)
2. 忽然双手赛一对白鸟,上下疾飞,疾如闪电,只听"嚓、嚓",不等病人觉疼,断骨就接上了。(冯骥才《苏七块》)

• 请将下列的几个短句改成一句长句:

他坐在长椅上。

一言不发。

长椅是冷冰冰的。

• 请将下列的长句改成短句,加快句子的节奏:

小张猛地把手上正在看的书放在屋子里唯一的桌子上并大步地走出自己房间。

第十二課　古詩兩首

一、送杜少府之任蜀州
王勃

城闕輔三秦[1]，風煙望五津[2]。與君離別意[3]，同是宦游人[4]。

海內存知己[5]，天涯若比鄰[6]。無為在歧路[7]，兒女共沾巾[8]。

【說明】

- 王勃(Wáng Bó, 約650–676)，字子安，唐代詩人。
- 古人有作詩送給要遠行的朋友的習慣。這首詩是作者要去長安任職時所作的。他把這首詩送給也要去蜀州(Shǔzhōu,現在四川省一帶)任少府職位的姓杜的朋友。詩中的"海內存知己，天涯若比鄰"是一直被大家傳誦的名句。

【註釋】

1. 城闕：chéng què 都城，指長安。輔：fǔ 保護的意思。三秦：sǎn qín 即現在的陝西省。
2. 風煙：模糊看不清，這裏比喻做官的道路有很多風險。津：jīn 渡口，五津：在這裏指杜少府要去的蜀州。
3. 君：jūn 古文對對方的尊稱，相當於現在的"您"。離別：lí bié 跟親友分離。意：情意。
4. 同是：tóng shì 都是。宦游人：huàn yóu rén 因為做官而離開家遠游的人。
5. 海內：hǎi nèi 四海之內，指全中國。存：cún 存在。知己：zhī jǐ 互相了解而且友情很深的朋友。
6. 天涯：tiān yá 天邊。若：ruò 好像。比：緊靠。比鄰：bǐ lín 住得很近的鄰居。
7. 無為：wú wéi 不要。歧路：qí lù 分手的地方。
8. 兒女：ér nǚ 青年男女。這裏指多情的男女。沾巾：zhān jīn 指流眼淚。

• 課堂討論題：

1. 詩中哪兩句是寫景的？這兩句的作用是什麼？與本詩的主題有什麼關係？
2. 一般來說，朋友離別是讓人難過的事。這首詩表達出的感情是難過的嗎？你從哪句看得出來？
3. 兩個分開了的人各在一方，怎樣能做到"若比鄰"呢？
4. 詩中談到一般人分手時會怎麼樣？作者的態度是什麼？為什麼？
5. 請用現在的語言把這首詩的大意說出來。注意語言的優美與準確。
6. 請根據這首詩的內容，用你的想像力把作者與友人之間的對話寫出來。

第十二课　　古诗两首

一、送杜少府之任蜀州

王勃

城阙辅三秦[1]，风烟望五津[2]。与君离别意[3]，同是宦游人[4]。

海内存知己[5]，天涯若比邻[6]。无为在歧路[7]，儿女共沾巾[8]。

【說明】

- 王勃(Wáng Bó, 约650–676)，字子安，唐代诗人。
- 古人有作诗送给要远行的朋友的习惯。这首诗是作者要去长安任职时所作的。他把这首诗送给也要去蜀州(Shǔzhōu,现在四川省一带)任少府职位的姓杜的朋友。诗中的"海内存知己，天涯若比邻"是一直被大家传诵的名句。

【註釋】

1. 城闕：chéng què 都城，指长安。辅：fǔ 保护的意思。三秦：sǎn qín 即现在的陕西省。
2. 風煙：模糊看不清，这里比喻做官的道路有很多风险。津：jīn 渡口，五津：在这里指杜少府要去的蜀州。
3. 君：jūn 古文对对方的尊称，相当于现在的"您"。離別：lí bié 跟亲友分离。意：情意。
4. 同是：tóng shì 都是。宦游人：huàn yóu rén 因为做官而离开家远游的人。
5. 海内：hǎi nèi 四海之内，指全中国。存：cún 存在。知己：zhī jǐ 互相了解而且友情很深的朋友。
6. 天涯：tiān yá 天边。若：ruò 好像。比：紧靠。比鄰：bǐ lín 住得很近的邻居。
7. 無爲：wú wéi 不要。歧路：qí lù 分手的地方。
8. 兒女：ér nǚ 青年男女。这里指多情的男女。沾巾：zhān jīn 指流眼泪。

• 課堂討論題：

1. 诗中哪两句是写景的？这两句的作用是什么？与本诗的主题有什么关系？
2. 一般来说，朋友离别是让人难过的事。这首诗表达出的感情是难过的吗？你从哪句看得出来？
3. 两个分开了的人各在一方，怎样能做到"若比邻"呢？
4. 诗中谈到一般人分手时会怎么样？作者的态度是什么？为什么？
5. 请用现在的语言把这首诗的大意说出来。注意语言的优美与准确。
6. 请根据这首诗的内容，用你的想像力把作者与友人之间的对话写出来。

二、贈汪倫
李白

李白乘舟[1]將欲行[2]，忽聞[3]岸上[4]踏歌[5]聲。桃花潭[6]水深千尺，不及[7]汪倫送我情。

【說明】

- 李白，(701–760)，字太白，號青蓮居士，唐代著名詩人。
- "贈"是"送給"的意思。汪倫，是李白的好朋友。詩中提到的桃花潭在安徽涇縣西南部。李白游桃花潭時，當地人汪倫常用美酒招待他；離開時，汪倫又來送行，李白作這首詩送友人留念。

【註釋】

1. 乘舟：chéng zhōu 坐小船。
2. 將：jiāng 正準備。欲：yù 要。行：xíng 走。
3. 忽聞：hū wén 忽然聽到。
4. 岸上：àn shàng 水潭邊上。
5. 踏歌：tà gē 唱歌的同時用腳打著拍子，一邊走一邊唱。
6. 桃花潭：táo huā tán 水潭的名字。
7. 不及：bù jí 比不上。

- 課堂討論題：
1. 汪倫送別李白的方式有何獨特之處？
2. 作者想到汪倫會來送他嗎？你是從哪個字看出來的？
3. 詩中第3、4句，用了什麼修辭法？這兩句表達了什麼感情？
4. 桃花潭水眞的有千尺深嗎？要是沒有，作者爲什麼這麼說呢？
5. 除了用"千尺深的潭水"表達友情之外，我們還可以用什麼來比喻友情？
6. 這首詩與前一首同是寫友情和送別之情的，它們有什麼不同之處？
7. 模仿本文寫一首和同學或親人告別的詩歌。
8. 請用現在的語言把這首詩的大意說出來。注意要儘量保持原詩的風格。

二、赠汪伦

李白

李白乘舟[1]将欲行[2]，忽闻[3]岸上[4]踏歌[5]声。桃花潭[6]水深千尺，不及[7]汪伦送我情。

【说明】

- 李白，(701–760)，字太白，号青莲居士，唐代著名诗人。
- "赠"是"送给"的意思。汪伦，是李白的好朋友。诗中提到的桃花潭在安徽泾县西南部。李白游桃花潭时，当地人汪伦常用美酒招待他；离开时，汪伦又来送行，李白作这首诗送友人留念。

【注释】

1. 乘舟：chéng zhōu 坐小船。
2. 将：jiāng 正准备。欲：yù 要。行：xíng 走。
3. 忽闻：hū wén 忽然听到。
4. 岸上：àn shàng 水潭边上。
5. 踏歌：tàgē 唱歌的同时用脚打着拍子，一边走一边唱。
6. 桃花潭：táo huā tán 水潭的名字。
7. 不及：bù jí 比不上。

- 课堂讨论题：
1. 汪伦送别李白的方式有何独特之处？
2. 作者想到汪伦会来送他了吗？你是从哪个字看出来的？
3. 诗中第3、4句，用了什么修辞法？这两句表达了什么感情？
4. 桃花潭水真的有千尺深吗？要是没有，作者为什么这么说呢？
5. 除了用"千尺深的潭水"表达友情之外，我们还可以用什么来比喻友情？
6. 这首诗与前一首同是写友情和送别之情的，它们有什么不同之处？
7. 模仿本文写一首和同学或亲人告别的诗歌。
8. 请用现在的语言把这首诗的大意说出来。注意要尽量保持原诗的风格。

【寫作參考資料】

• 近體詩：

古詩分爲古體詩與近體詩兩種。這裏主要介紹的是近體詩。近體詩也叫"格律詩"(gélǜshī: regulated verse)一般指唐代(618–907)出現的格律詩。其句數、字數、平仄(píngzè: tonal pattern)和用韻(yòngyùn: rhyme scheme)都有嚴格的規定。近體詩分爲絕句、律詩二種，八句爲律詩，四句爲絕句。

1. 律詩起源於南北朝(420–589)，成熟於唐初。全詩八句，每兩句爲一聯。一般來說，第二聯的兩句和第三聯的兩句要對仗，也就是詞組結構和詞性相同，互相成對。律詩第二、四、六、八句要押韻，第一句可押韻也可不押。每句五個字的爲五言律詩，七個字的爲七言律詩。例如白居易的《草》即爲一首五言律詩：

離離原上草，一歲一枯榮。野火燒不盡，春風吹又生。
遠芳侵古道，晴翠接荒城。又送王孫去，萋萋滿別情。

2. 絕句有五言絕句和七言絕句，也叫五言絕詩和七言絕詩。和律詩相同，絕句的首句可押韻也可不押韻，第二、四句押韻，平仄有一定的規律，以五言、七言爲主，簡稱五絕、七絕。例如李白的《靜夜思》即爲一首五言絕句：

床前明月光，疑是地上霜。舉頭望明月，低頭思故鄉。

• 回答下面的問題：

1. "送杜少府之任蜀州"與"贈汪倫"分別是哪種詩體？請分別從這兩首詩中，找出押韻的字。

2. 下面的這些詞語出自"送杜少府之任蜀州"。它們分別與該詩中哪些詞語相對仗：

海內_____、　　知己_____、　　望_____、　　城闕_____、　　三秦_____

3. 請以"春天"爲題，試著寫一首五言絕句。

【写作参考资料】

● 近體詩：

古诗分为古体诗与近体诗两种。这里主要介绍的是近体诗。近体诗也叫"格律诗"(gélùshī: regulated verse)一般指唐代(618—907)出现的格律诗。其句数、字数、平仄(píngzè: tonal pattern)和用韵(yòngyùn: rhyme scheme)都有严格的规定。近体诗分为绝句、律诗二种，八句为律诗，四句为绝句。

1. 律詩起源于南北朝(420—589)，成熟于唐初。全诗八句，每两句为一联。一般来说，第二联的两句和第三联的两句要对仗，也就是词组结构和词性相同，互相成对。律诗第二、四、六、八句要押韵，第一句可押韵也可不押。每句五个字的为五言律诗，七个字的为七言律诗。例如白居易的《草》即为一首五言律诗：

   离离原上草，一岁一枯荣。野火烧不尽，春风吹又生。
   远芳侵古道，晴翠接荒城。又送王孙去，萋萋满别情。

2. 絕句有五言绝句和七言绝句，也叫五言绝诗和七言绝诗。和律诗相同，绝句的首句可押韵也可不押韵，第二、四句押韵，平仄有一定的规律，以五言、七言为主，简称五绝、七绝。例如李白的《静夜思》即为一首五言绝句：

   床前明月光，疑是地上霜。举头望明月，低头思故乡。

● 回答下面的问题：

1. "送杜少府之任蜀州"与"赠汪伦"分别是哪种诗体？请分别从这两首诗中，找出押韵的字。

2. 下面的这些词语出自"送杜少府之任蜀州"。它们分别与该诗中哪些词语相对仗：

   海内_____、 知己_____、 望_____、 城阙_____、 三秦_____

3. 请以"春天"为题，试着写一首五言绝句。

INDEX
索引

xiāomiè	消滅	消灭	to exterminate	4
xiǎoshān	小衫	小衫	unlined upper garment	2
xiàoxīxī	笑嘻嘻	笑嘻嘻	smilingly	3
xiàzhù	嚇住	吓住	to be frightened, to be scared	2
xié(xié)	斜(斜)	斜(斜)	slanted, oblique	5
xiè	謝	谢	to wither	5
xièquè	卸卻	卸却	to unload, lay down	8
xìmì	細密	细密	minute, careful	3
xīn'ānlǐdé	心安理得	心安理得	to feel at ease and justified	8
xíngfá	行罰	行罚	to punish	2
xìngfú	幸福	幸福	well-being, happiness	4
xíngli	行李	行李	luggage	7
xìngshù	杏樹	杏树	apricot tree	6
xìngzhì	性質	性质	nature, character	4
xīnxīnrán	欣欣然	欣欣然	joyfully	6
xiōng	凶	凶	fierce, ferocious	10
xiùcai	秀才	秀才	title bestowed on one who passsed the county level imperial examination in the Ming and Qing dynasties	10
xīxīshūshū	稀稀疏疏	稀稀疏疏	few and scattered	6
xū	須	须	must	7
xuánzhuǎn	旋轉	旋转	to spin	5
xuétáng	學堂	学堂	school (old term for 學校/學校)	2
xúnhuán	循環	循环	cycle, to circulate	8
xúnjǐng	巡警	巡警	police, patrol officer	9
yán	嚴	严	strict	2
yàn	硯	砚	ink stone	10
yǎn	掩	掩	to cover, to hide	5
yángliǔ	楊柳	杨柳	willow	5
yǎngshì	仰視	仰视	to look upwards	9
yánjiū	研究	研究	to study, to research	4
yánlì	嚴厲	严厉	stern, severe	2

yǎnsè	眼色	眼色	hint given with the eyes, meaningful glance	11
yánzhǔsǔn	鹽煮筍	盐煮笋	seasoned bamboo shoots	10
yànzi	燕子	燕子	swallow	5
yǎo	舀	舀	to scoop out	10
yáo(yáo)tóu	搖(搖)頭	搖(搖)头	to shake one's head	3
yàoshi	鑰匙	钥匙	key	2
yěhuā	野花	野花	wild flower	6
yǐ	以	以	用	8
yī	伊	伊	她	9
yǐ…wéijǐrèn	以…爲己任	以…为己任	to take…as one's own responsibility	4
yìchù	益處	益处	benefit	4
yìgǔnǎo'er	一股腦兒	一股脑儿	completely	7
yímìngwūhū	一命鳴呼	一命呜呼	to die, to kick the bucket	3
yìn	印	印	to imprint	1
yíngshēng	營生	营生	to earn a living	10
yíqù bú fùfǎn	一去不復返	一去不复返	gone never to return	5
yìshí	一時	一时	momentarily, temporarily	3
yìsīyìháo	一絲一毫	一丝一毫	a tiny bit, a little bit	2
yìyàng	異樣	异样	unusual, peculiar	9
yǒngqì	勇氣	勇气	courage	9
yóuguàng	遊逛	游逛	to go sightseeing, to stroll about	7
yōuguóyōumín	憂國憂民	忧国忧民	be concerned about one's country and one's people	8
yóusī	游絲	游丝	spider web fluttering in the air	5
yǒuxìtǒng	有系統	有系统	methodical, systematic	4
yǒuyìyi	有意義	有意义	significant	9
yū	迂	迂	stubborn adherence to worn-out rules and ideas (or 迂腐)	7
yuántōngdàshī	圓通大師	圓通大师	Flexible Master	3
yuètái	月臺	月台	the station platform	7
yùn	暈	晕	halo	6

WEBSITE REFERENCES
網站參考

1. 许地山
http://www.zzslib.org.cn/htm/rwwx/xds.htm
http://www.bwsk.com/xd/x/xudishan/index.html

2. 胡适
http://www.sinica.edu.tw/as/hu
http://cn.netor.com/m/minren/hushi/index.asp?boardid=5

3. 孙文
http://www.sysu.edu.cn/museum/szs/qianyan/qyan.htm
http://www.sunyat-sen.org/sun/index.html

4. 朱自清
http://www.ccnt.com.cn/literature/wenxue/sanwen/zhu.htm
http://www.wensou.com/a19.htm

5. 梁启超
http://www.guoxue.com/master/liangqichao/liangqichao.htm
http://www.beijingbg.com/online_15.htm

6. 鲁迅
http://luxun.chinaspirit.net.cn/
http://learning.sohu.com/zt/lxzt/

7. 王勃
http://www.tydao.com/sxren/wenhua/wangbo.htm
http://www.shiandci.net/wb.htm

8. 李白
http://www.libai.cn/
http://hk.geocities.com/pclihk/verse/LiBai.htm